噶舉三祖師
岡波巴傳
修道成就故事與岡波巴四法

The Life & Teachings of Gampopa

堪千創古仁波切｜著　　普賢法譯小組｜中譯

願此無上無比之教法，

諸佛勝眾珍貴之寶藏，

傳揚廣弘遍及全世界，

猶如大日天空中照耀。

黃金珠鬘法集

收錄堪千創古仁波切
關於噶舉傳承偉大上師眾
之口授教示。

受到大寶法王噶瑪巴的啓發、
堪千創古仁波切的加持、
尊貴噶瑪雪竹喇嘛的指導，
於是轉載印行。

謹以此系列書籍迴向予
三位上師的長壽與昌榮順遂。

致謝

首先，我們想要對堪千創古仁波切給予這些教授，表達誠摯的謝意。此外，謝謝Ken及Katia Holmes的翻譯，桑耶林（Samye Ling）工作人員舉辦法會並讓我們取得開示的錄音。我們也要謝謝Margaret Newman與Annelie Speidelsbach的繕寫，Gabrielle Hollmann的編輯，以及克拉克·強森（Clark Johnson）和南無布達出版社（Namo Buddha Publications）無可取代的後續工作，使得這一系列教授得以問世。

書中所引用〈怙主岡波巴的道歌與故事〉（分別在29～32、36～39、58～82頁），以及〈怙主岡波巴答覆康巴三士的道歌〉（分別在91～93、96～107頁），是來自《智慧雨》（*The Rain of Wisdom*）。該書由那爛陀翻譯委員（Nalanda Translation Committee）在邱陽·創巴（Chogyam Trungpa）仁波切的指導下翻譯而成，版權屬於邱陽·創巴（1980）。上述道歌經香巴拉出版社與那爛陀翻譯委員的特別安排而轉載。

目次

前言

「黃金珠鬘系列」包含了吉祥噶舉傳承的修行傳記和教法。「黃金珠鬘」一詞是指開悟上師眾的這個傳承，他們將怙主佛陀的深奧大手印教法無間斷地傳延至今。這些教法之所以深奧，是因為包含了能令一個人在一生之中就獲得證悟的教示和修行。

在噶舉傳承的宏大加持中，也包括傳承上師眾所示現的種種不同生活方式，他們的生平顯示了，無論我們所處的環境或生活方式是如何，我們都能修持這些教法並終究獲得證悟。例如：帝洛巴是在從事碾芝麻的卑下僕役工作時獲得證悟的；其他如馬爾巴等人，是有家室的商人；馬爾巴的弟子密勒日巴則是苦行者，一生都在與世隔絕的洞穴中修行；而他的弟子之一岡波巴，卻是個出家人。然而，他們全都有一個共同點，那就是：都是藉由大手印的修持而獲致證悟。這在在顯示著，金剛乘法門具有廣大豐富的多樣性和大威力，能夠透過一切境況轉化自心。同此，如果我們以大精進努力修持大手印，我們就能夠即生證果。

因此，閱讀這些噶舉傳承上師的修行傳記，是對於入道者的一大激勵，而且在遇到艱困的情況時，對於持續前進也提供了鼓勵和啓發。特別是，能夠從堪千創古仁波切處獲得這些教學，更具有莫大的加持。他是一位大智大悲的上師，由於他直接證得了大手印，且是這個傳承的持有人，因此所傳授的不只是言詞，還包含了其中的義理。

所以我鼓勵所有學生能閱讀這些修行傳記，並且祈祝它能激勵你實現傳承上師眾的所有心願。願此功德能令偉大上師眾的壽命和教法興盛宏揚，並且住世多劫以利益無量有情眾生。

噶瑪・雪竹・噶通喇嘛

和樂法叢信託（Zhyisil Chokyi Ghatsal Trust）

寫於紐西蘭奧克蘭市

堪千創古仁波切簡介

創古仁波切的轉世源流始於十五世紀，在第七世噶瑪巴確札．嘉措造訪西藏的創古地區時。那時法王噶瑪巴建立了創古寺，並且將謝惹．嘉稱陞座爲第一世的創古仁波切，認證他爲蓮師二十五位大成就者弟子中，秀伍．巴機．聖紀的再來化身。

堪千創古仁波切是這傳承的第九任轉世，一九三三年出生於西藏的康區。在他四歲的時候，十六世大寶法王嘉華噶瑪巴和八蚌司徒仁波切透過預示其父母的名字和出生地點，認證了他就是創古祖古的轉世。

他進入了創古寺，在七歲至十六歲的期間，學習閱讀、寫字、文法、詩詞、天文，背誦儀軌法本，並且圓滿兩次前行的閉關。十六歲時，在羅卓．若瑟堪布的指導下，開始研習三乘佛法，同時住於閉關之中。

二十三歲時，他從噶瑪巴處領受具足戒。二十七歲，當共產黨入侵時，仁波切離開西藏，前往印度。受到召喚，他來到錫金的隆德，那是噶瑪巴在流亡期間的法座所在地。三十五歲時，於印度孟加拉（Bengal）巴克薩達爾（Buxador）的難民區寺院中，他在一千五百位僧人面前，透過格西考試，獲頒拉然巴格西學位。返回隆德後，他被任命為隆德寺和其所屬那爛陀高等佛學院的住持。他是噶瑪噶舉四大主要祖古的親教師，這四位分別是：夏瑪仁波切、大司徒仁波切（舊譯：錫度或泰錫度仁波切，今由十七世大寶法王欽定為司徒或大司徒仁波切）、蔣貢·康楚仁波切、嘉察仁波切。

創古仁波切經常前往歐洲、遠東、美國各地，他同時是〔加拿大〕諾瓦思科省（Nova Scotia）岡波寺（Gampo Abbey）和英國牛津創古會（Thrangu House）的住持。一九八四年，他有數個月的時間在西藏，為超過一百位僧尼剃度，並且造訪數個寺廟。他還創立了位於〔尼泊爾〕博達納地區的創古·札西·叢林寺和在加德滿都山谷東邊南無布達的一個閉關中心和佛學院，另外在博達納成立一所為在家兒童和年幼學僧提供一般教育的學校。他也建立了加德滿都的創古度母寺。一九九九年十月，他為鹿野苑的佛學院開光，這所學院將納入來自不同佛教傳統的學生，同時也開放給西方的弟子們。

創古仁波切是一位公認的大手印禪修大師，曾經傳法超過二十五個國家。他能夠把複雜的教法用西方弟子容易理解的方式傳授，因此而特別聞名。

近年來，由於仁波切佛法知識廣博，而被尊者達賴喇嘛指派爲第十七世大寶法王噶瑪巴鄔金·欽列·多傑的總經教師。

序言

創古仁波切為藏傳佛教噶舉傳承中最受尊敬的學者之一，這不只是基於他卓越的學者背景，也因為他對佛法教導具有偉大的觀修洞見。自一九八六年起，仁波切每年都在他位於尼泊爾寺院中的南無布達佛學講座向西方學生分享他的智慧及教學。

在他於隆德寺建立噶舉傳承的課程並教導四大攝政法子之後，創古仁波切一九七九年首度來到西方，在蘇格蘭的桑耶林教學，其後並陸續於多次夏日再訪該地。這份關於「岡波巴」的教導便是仁波切一九八一年在桑耶林所給予的開示，屬於一系列有關噶舉傳承持有者的教導之一。

曾有人詢問仁波切：我們要如何為下一代引介佛法呢？顯然，我們無法直接教導他們空性，或者讓他們長時間修持寂止禪坐；取而代之的是，仁波切建議我們可以告訴小孩子關於大菩薩的故事，讓他們生起對佛法的渴求心。仁波切也建議：成年人可能會對自己的修持或修道進展感到沮喪，而克服的方法之一就是閱讀大菩薩們的修道傳記。修道傳記和一般傳記不同，內容較不注重個人生平的世俗事蹟，而是側重於這些著名行者如何入道、修持以達證悟、成就的歷程。

南無布達寺/創古法源譯經院與和樂法叢信託目前已出版多冊大菩薩的傳記，以及藏傳佛教四大傳承之一——噶舉傳承持有者的修道傳記。此系列中的第一本爲《印度佛教史》（*A History of Indian Buddhism*），該書談及佛陀的生平以及追隨佛陀的印度大學者摩訶班智達（Mahapanditas）。噶舉傳承約在一千年前由大成就者帝洛巴創立，其生平可參見《帝洛巴傳：成就故事與其教法恆河大手印》＊（*The Life of Tilopa and the Ganges Mahamudra*）。

帝洛巴有個偉大的印度弟子，也就是那洛巴。仁波切在《那洛巴的道歌》（*Songs of Naropa*）中也教導了那洛巴的生平與法教。至於那洛巴的學生馬爾巴，則是三度從西藏歷經艱難險巇而將法教帶回藏地，這方面可參見仁波切的《馬爾巴大譯師的修道傳記》＊（*A Spiritual Biography of Marpa the Translator*）。

馬爾巴有許多出色的弟子，其中以密勒日巴最爲偉大；密勒日巴的故事則可參見《密勒日巴的生平與道歌》*（*The Life and Spiritual Songs of Milarepa*），創古仁波切於該書中從金剛乘修持的角度，解釋了多首密勒日巴道歌的意義。

密勒日巴有兩個偉大的弟子——岡波巴與惹瓊巴。惹瓊巴對上師密勒日巴從有所懷疑到最終證悟的種種故事，可參見《惹瓊巴傳：西藏大瑜伽士密勒日巴尊者如月心子》*（*Rechungpa, A Biography of Milarepa's Disciple*）；岡波巴建立了噶舉傳承的寺院體系，並將其與密勒日巴的大手印法教結合，他的生平可參見本書。

岡波巴最出色的弟子之一——杜松虔巴，則是第一位噶瑪巴，也是噶瑪噶舉傳承的創始者。創古仁波切曾授予多位噶瑪巴轉世的傳記教導，未來將委由南無布達出版社與和樂法叢信託共同發行。

克拉克·強森博士

* 《帝洛巴傳》與《惹瓊巴傳》中文版已由橡樹林文化出版。另《馬爾巴傳》與《密勒日巴傳》中文版預定二〇一六年底由橡樹林文化出版。

第一部

岡波巴的生平

密勒日巴（西元 1040 ～ 1123 年），岡波巴的根本上師

1
岡波巴的
大乘了證

岡波巴的修道傳記（藏文 namtar）總共分爲三個部分：一、岡波巴如何開展其**大乘**[1]種性；二、如何了證**大手印**；以及三、如何將他的法行事業遍布全世界。

修行的兩個極端

密勒日巴是岡波巴的根本上師，他曾經爲了領受與修持佛陀法教而歷經無數磨難。當他瀕臨缺衣斷糧時，憑著極大的信心與強烈的精進而依然努力修持不懈。我們必須了解到，遭遇類似的艱難挑戰並非必要，因爲受苦受難與衣食不繼並非爲佛陀教法的精要；**佛法**行者不必然得非常窮困，或者忍受所有如密勒日巴所經歷的磨難才能修持佛法。佛陀教導我們不可落入縱欲或苦行的物質極端，也不可落入「常」邊（恆常主義）或「斷」邊（虛無主義）的信仰極端。

第一種物質極端是沉溺於我們的各個欲望。如果我們隨著所有的欲望而舞，便沒有任何時間可作修行。除此之外，無論所得到的是什麼物質樂趣，總會希望還要獲得更多。物質樂受的欲望或沉溺是絕對沒有止境的。剛開始我們只想要得到一點點，然後我們想要更多，接下來我們想要獲得一百倍、一千倍等等。這是一個欲望逐漸升級且永無止境的過程。因此，即使我們擁有全世界，也仍然不會滿意——這是欲望如何在我們心裡運作的本質。所以，當佛陀說：「不要落入過度放縱的極端」，他指的是我們必須要學著知足常樂，對目前擁有的一切感到滿足。

另一個物質極端是過度苦行。佛法並不意指我們要將身、語、意投注於巨大的磨難，只爲了修持苦行；佛法是要我們實際修持以了證眞實自性，而非折磨自己。所以，眞實的佛法修持乃存於中道而離於兩種極端。

編按：註號○為英譯註；●為中譯註。

①在〈附錄：辭彙解釋〉中加以說明的專有名詞，於第一次出現時均會以粗體表示。

岡波巴的角色

岡波巴的修道傳記是對於在修持時如何避免落入極端，以及如何展現正確修持的極佳範例。

岡波巴並非只是一位具有名望的凡人，他賜予了我們所有噶舉傳承的根本，包含四大主派與八小支派②。佛陀曾在多部**佛經**中授記了岡波巴的修道成就，例如《大悲妙法白蓮經》（藏文 Nyingje Pemakarpo）③裡就有關於岡波巴的預言，佛陀提及在他入滅之後，會有一位出家人兼醫師；這個人住在北方，靠近羅西塔河畔，而且於過去生世便已承事多位佛陀並因而領受教法。佛陀接著表示，此人也花了很多的時間修持大乘教授，不但能夠裨益無數眾生，未來也將會把大乘教法傳揚開來。

羅西塔這個名字在印度話是「紅色河流」的意思。印度大部分的河流只有在雨季時才會有水，其餘的時間則顯現出河底石頭的顏色，且大部分是偏藍或偏白的光澤，紅色的河流則十分稀少。岡波巴在一條紅色河流的旁邊建立其法座，並身兼醫師與出家人。

噶舉傳承（四大八小）

四大主派

一、由杜松虔巴（第一世噶瑪巴）所創的岡倉噶舉（又稱噶瑪噶舉）

二、由巴融達瑪旺秋所創的巴融噶舉（或譯跋絨）

三、由宗都達巴（又稱喇嘛祥）所創的采巴噶舉（或譯察巴）。

四、由帕莫竹巴多傑嘉波所創的帕竹噶舉。

②四大教派指的是由岡波巴四大弟子所傳揚的四個教派，八小教派指的是由四大弟子之一的帕莫竹巴所源成的八個教派。

③藏文字是以發音標示，但並非精確的拼寫。

八小支派（均由帕莫竹巴的弟子們所建立）

1.直貢噶舉，由直貢覺巴吉天頌恭所創。

2.達隆噶舉，由達隆塘巴札西佩所創。

3.綽普噶舉：由卓貢嘉察所創。

4.竹巴噶舉：由林千惹巴貝瑪多傑所創。

5.瑪倉噶舉：由瑪巴竹托些饒森給所創。

6.葉巴噶舉：由葉巴耶謝孜巴所創。

7.雅桑噶舉：由剎惹哇耶謝森給所創。

8.修賽噶舉：由年普傑貢千波所創。❶

早年的岡波巴

岡波巴生於西元一〇七九年。他在三十二歲之前都是個在家人，不到二十歲便結婚成家，還是個訓練有素的醫生，經年行醫濟世。到了三十二歲，妻子與孩子相繼去世；由於無法挽救妻兒的性命，他對這個世界感到極為不滿，因而出家，開始了修道的生活。

岡波巴在受出家戒的同時，領受了噶當巴傳承中的「口訣傳承」法；其後，則從偉大的佛教聖者密勒日巴處領受了大手印的口訣指示，並且在日後將所得的噶當巴與大手印教法結合。他不僅修持了上述口訣，也在禪定中開展了良善的功德；舉例來說，當他禪坐時，可以入定不動整整十三天。他也經歷了極大的喜、足與樂，之後便不再留戀世間的樂受和體驗。據說此後他的菩提心，也就是那份想要幫助所有眾生**證悟**的清淨發願，變得極為有力且更加穩固。

❶以上四大八小派別與祖師的譯名，大多遵照「大寶法王噶瑪巴官方中文網」之「噶舉的四大八小支派」http://www.kagyuoffice.org.tw/kaguy-lineage/overview/kagyu-tribe。

岡波巴如何開展大乘種性

本卷修道傳記的第一部分，解釋了大乘種性如何在岡波巴的心中得以喚醒。

有一天，岡波巴於禪坐後起身散步，途中遇見了三位正在聊天的乞丐。由於**上師**的悲心，讓岡波巴在無意間聽到了他們的對話，並依著這個景象而喚醒了對於佛法修持的極大精進。

第一位乞丐說：「我們實在不怎麼有福報。如果我們具有福報的話，就會天天有人資助食物給我們吃喝，要是每天都能被餵得飽飽的，該有多好啊！」

另一位乞丐說：「這樣的祈求，不值得吧。你要嘛就祈求更好的事情，比如成為重要的人士，然後你就可以為所欲為，因為人們不得不對你逢迎屈服、哈腰彎躬。這是你所能祈求的最好境界了。」

第三位乞丐說：「你們的心願都太狹隘了，應該要比這個更好才行。因為就算你極為有權有勢，到頭來還是會死。我覺得最好能像密勒日巴一樣，他完全不需衣食，因為**空行母**會帶食物給他，而且他還能在空中飛行。對他而言，一切事物都沒有分別，即使是生死亦然。我們應該發願要像他一樣才對。」當他這麼說時，淚水從雙眼流下，同時合掌當胸做祈請手勢，可見是受到信仰感召。

當岡波巴乍聽到密勒日巴的名號時，立刻被強烈的信心與虔誠深深撼動。他飛奔到乞丐面前，詢問他剛才所聽到的對話，乞丐們便將密勒日巴如何在晉地和聶南山區居住、生活的事情，一五一十地告訴岡波巴。當岡波巴聽到這些訊息之後，心中生起了非常強烈的渴望，想要早點面見密勒日巴。

當晚，岡波巴於安座之後祈請並禪修，不久便睡著了，還做了一個夢。夢中，他吹著一支極長的西藏號角，聲音極為響亮，彷彿全世界都得以聽聞；此外，他也在天空中擊鼓，聲音大到所有的野獸都朝他奔馳而來。接著有一名女子出現，對著他說：「你的鼓聲吸引了所有的野獸前來，你一定要給牠們各個都一杯牛奶。」岡波巴接過這名女子遞來的牛奶，回答：「這不夠分給所有的動物。」女子答道：「你先喝一點，這樣就會夠了；牠們各分一些就行。」

夢醒之後，岡波巴就動身前往尋找密勒日巴。當時，密勒日巴正停留在扎西崗一地。當岡波巴到達時，便將帶來的黃金與茶磚供養密勒日巴。

密勒日巴回答：「我是個老人了，不需要你的黃金。你最好把黃金留著，日後你修行時會用得上。你叫什麼名字？」岡波巴答道：「索南仁欽。」

密勒日巴想：「這一定是預言中提到的那個人。他的名字索南，意味著『功德』或善德，表示他已經積聚了一切資糧；他的第二個名字仁欽，表示『極爲珍貴』，意味著他對所有的眾生而言是非常珍貴的。」

密勒日巴倒了一整杯青稞酒，遞給岡波巴並要他飲下。可想而知，岡波巴感到非常尷尬，因爲當場有很多人在看，而他這位出家人是不該喝酒的。然而密勒日巴說：「別想太多了，只管喝。」於是岡波巴一飲而盡。這是一個吉祥的緣起，表示岡波巴將來能夠領受所有傳承的完整口訣。

為了讓岡波巴生起信心，密勒日巴唱了這首**道歌**：

頂禮上師怙主聖眾。
於東方有白雌雪獅，
即使獅乳必然滋養，
唯帝釋天得以飲用。
於南方有斑斕奇虎，
據言必然勇猛超凡，
唯東碧赫魯加得以騎乘。

於西方兜率天聖地，
據言所見皆極優美，
唯無著尊得以看見。

於北方有白魚膽囊，
據言其味必然苦澀，
唯龍族后祖阿仁欽得以食用。

那洛巴之法道甚深，
據言必爲迅捷近道，
唯怙主大譯師馬爾巴得以行旅。

馬爾巴之無垢口耳傳承，

縱使必能生起覺受了證，
唯我密勒日巴得以修持。

密勒日巴覺受隻字片語，
縱使各個必然直指要點，
吾唯授予汝此衛之僧人。

此一老人不受金財，
此處亦無爐可煨茶。

吾子若欲全心修持聖法，
勿求此生享樂，當思來世。

汝若欲持噶舉傳承法座，
莫因文字而樂，當求其義。

汝，**比丘**，將此謹記於心！

在密勒日巴唱完歡迎道歌之後，岡波巴說：「如同所言，『行者供養三世佛陀如山之寶所得的福德，仍比不上為上師一根毛髮獻供而來的福德。』還有比此更為深奧而能累積福德的方式嗎？」

密勒日巴回覆：「有的。」岡波巴當即請求開示。

密勒日巴答道：「那就是對上師所給的口訣指示加以修持而不令白費。」

岡波巴問：「有沒有即生證悟的口訣指示呢？我先前從某位噶當巴上師那裡聽到，確實有這樣的口訣；但當我詢問另一位上師時，他卻說：『那只是空談，並沒有即生證悟的方法。』他還說：『行者所能獲得的最高成就，就是藉由修持本尊法而親見**本尊**，除此之外，別以爲可以即生證悟。』所以，到底怎樣才是對的？」

密勒日巴回答：

「你所聽到即生證悟是有可能的這回事，並非只是泛泛空談，而是眞實不虛的。如果能遇到一位眞正具格的**上師**（**喇嘛**），而學生也完全成熟並做好準備，便有可能即生證悟。如果你在本尊**壇城**中領受**灌頂**，之後如理如法地依此修持**生起次第**和**圓滿次第**，也有可能即生證悟④。」

稍後，密勒日巴建議岡波巴：

「若你眞的想要修持口訣而即生證悟，就不該和只會空談的人在一起。

④據說藉由修持，上等根器者可以在一生中達至證悟，中等根器者則會在死前或中陰階段達至證悟。即使怠惰的行者也能在七世或十六世之中達至證悟。如果有人無法於這些期間達至證悟，是因為他們毀壞了三昧耶戒，那就有可能會投生到下三道。

你不要聽從或跟隨他們；相反地，應該多花點時間與修持的人為友，聽聽他們的經驗。

「現在，你應該把心安頓在我剛才所說的話上，要相信我之所言皆眞實不虛而認眞依循。不要跟從那些試著用**世間八法**哄騙你的人，有的人就是會想做這種事情。你只要堅守我所說的話就好。

「你在修道的時候，難免會有犯錯與誤入歧途的風險。禪修空性時，要注意四個主要的錯誤：一、執著空性為有相（誤將空性執為標籤）；二、對於『空性乃為所知法自性』的誤解（誤將空性視為所知對境的自性）；三、對於『空性做為對治』的誤解（誤將空性視為對治）；四、對空性產生耽著（執著於空性）。

「禪修空性所可能犯下的第一個錯誤，是認為『既然在**勝義諦**上萬法為空，因而駁斥在**世俗諦**上萬法有所顯現』。第二個錯誤是認為『既然**輪迴**和**涅槃**皆空，因此不管我們做些什麼都無差別』。第三個錯誤是『把空性當成負面念頭的解藥』，因而在生起惡念時，不作檢視也不作對治，反而只是思量『它們就只是空的』。第四個錯誤是認爲『既然一切事物皆空，無論禪修與否都無關緊要』，而單單想著既然一切皆空便不需修持。如果出現這四項錯誤的其中一項，你的空性禪修便不甚如法。

「儘管如此，對初學者而言，這些錯誤仍屬有益，因它們可幫助行者捨離執念。

「一般來說，如果不能由衷對治自心（徹底從內心深處生起定解），就算暫時出現樂、明、無念的覺受，仍舊無法跳脫三界。那些經驗之所以只是暫時的覺受，乃因爲它們無法讓人眞誠對治自心。我們應該要從具格上師處學習眞正的空性禪修，因爲上師將爲我們引介心的眞實自性，如此一來，你的禪修才能如理如法。

「禪修是讓心安住於其自身的狀態中，那是一種不作修整的狀態，也就是心的眞實自性。」

此時，密勒日巴唱了一首道歌，描述何謂心的眞實自性。

看著自己眞實狀態的心；此乃眞正的見地。
若是於心之外尋找見地，
就如富人向外尋找財寶，
喔，醫者僧人。

不要清除昏沉掉舉之失；此乃眞正的禪修。
若除禪修昏沉掉舉之失，
就如同白晝中高舉燈火，
喔，醫者僧人。

不要在迎與拒之間來回；此乃眞正的行持。

若行持時交替迎納拒斥，
就如同蜜蜂受困於羅網，
喔，醫者僧人。

安住於你對見地的信心；此乃眞正的三昧耶。
若於他處尋求，並無其他的三昧耶可守。
就如同企圖使河水逆流，
喔，醫者僧人。

要在你的心中生起信心；此乃眞正的果位。
若於他處尋求，並無其他的果位可得。
就如同青蛙想一躍登天，
喔，醫者僧人。

向內探詢你的心；此乃真正的上師。
若於自心之外尋找上師，
就如同企圖放棄你的心，
喔，醫者僧人。

因此，一切顯相唯心所造，
喔，醫者僧人。

密勒日巴解釋了觀視自心本性的四種不同方式。第一種是見地（見），第二種是禪修（修），第三種是行持（行），第四種是成就（果）。

就見地而言，見地就是心的本身，我們無法找到不同於心的見地。於心之外並無其他的見地，亦無與心相異的見地，所有於心之外的見地都是一種謬誤。有一則故事敘述一名叫做傑的人，在他的額頭上鑲有一顆珠寶。某日，他因爲疲憊而使得珠寶被額頭的皺紋所覆蓋，他以爲珠寶不見而急忙四處尋覓。同樣地，如果我們在心本身之外尋找見地，將遍尋不得，因爲見地並不在心之外——於心之外尋找見地將徒勞無功。

就禪修而言，我們的心在禪修時，有可能過於躁進或過於消極。當心太躁進的時候，各種念頭會淹沒我們；當心太消極的時候，又會落入遲鈍或昏沉的狀態。當這些情況出現時，我們不應該去消除它們；相反地，應該把這些缺失視爲心的眞實自性。只要讓心安住於對下述的了解即可：於心的自性之中，這些過失都是空的，並非眞實存在[5]。然而，若我們認爲應該清理這些過失並進而試圖消除，則將有如白晝點燈，根本毫無意義[6]。

⑤仁波切於此所談論的是大手印禪修。當行者開始禪修時，應運用善巧方便，讓心在散亂時平靜、昏沉時策勵。

⑥心的狀態無論是散亂或消極，都是心，不需要移除或增加什麼。無論心示現為任何狀態，只要認出心的自性即可。

就行持而言，和針對禪修所給的建議相似。我們不能懷著要做這個或不做那個的分別念、從事善行且不做壞事的分別念，或是認為於禪修中有某些東西是好的而某些東西是壞的。如此分別的話，就會像受困在精密羅網中的蜜蜂一般——愈是掙扎就陷得愈深；相反地，我們應該完全地放鬆，相當自然地安住於心的眞實自性中。

就成就而言，修持的成果來自於心的眞實自性；這個成果並非來自外在，或是來自我們之外的事物。在我們的心之外，並沒有可被尋獲的東西；但若認為有個需要成就的外在東西，就會像青蛙想要躍入天空一般——試圖躍入空中的青蛙必然跌落地面，終將一無所獲。

問題與討論

【問題】仁波切，可否請您談談要如何體驗空性。在禪修中會有什麼覺受？會生起哪些空性的徵兆？

【仁波切】有兩種方式可在禪修中趨入空性。一者為經乘的方式，另一者為**續**乘的方式。依據經乘，對於空性的邏輯研修屬於一種工具。我們透過對於空性法教的仔細研修，可以逐漸了解現象的空性。由於我們無法立即了解所有事物都是空的，所以才需要學習何以事物本質為空的各種原因，進而對所有事物實際為空的這個事實生起信心，接著再運用這樣的信心來作為禪修的基礎。我們所做的禪修愈多，信心就愈加清晰，直到能夠實際領悟現象的本質為空。因此，以經乘的方式禪修空性，可以引領我們證得初地**菩薩**。到了那個境界時，一切的**煩惱**已盡，我們也生起了神通，並具有能夠了解現象究竟自性的清淨心識。

至於**金剛乘**或續乘在禪修中趨入空性的方式，則對空性的概念不作探究，而是直接禪修心的本性。這是因爲在金剛乘中，空性並不被視爲一種需要加以學習或自我說服的見解。空性就是心的本性，所以我們可以藉由觀修自心來了解空性。

2

岡波巴成爲
密勒日巴弟子

前一章，我們看到岡波巴的大乘種性如何受到喚醒：他一開始是先研修佛法，並領受噶當巴的所有教法；之後，他對密勒日巴生起非常殊勝的信心並前往面見，而尊者則將他攝受爲弟子。

在這一章裡，我們會看到岡波巴修道生活的第二部分，述說在密勒日巴攝受爲徒之後，岡波巴有哪些境遇，以及如何完全證得大手印。這一章也提及岡波巴如何達至**法身**淨土，也就是超越修持、超越禪修的境界。

密勒日巴給予岡波巴的口訣指示

密勒日巴給予岡波巴的第一個口訣指示，就顯現在尊者的道歌之中，其內容說到：最重要的了證，就是對於心的了證。

就見地而言，最重要的是我們的心；就禪修而言，我們必須禪修的是自己的心；就行持而言，最重要的因素也是心；就修持最終結果的了證而言，最重要的還是心。

若要達到證悟，就必須了解「本然心」的意義，而它便是心的如實自性狀態——其本然的狀態。不會想要變得更好或更壞，沒有意圖要作改變時，且於自身的樣貌絕對不作干擾，這種心的狀態就是本然心。

對於心的自然狀態「帶來變動」的意思是指，當我們有各種念頭、感覺、負面情緒時，心就不再和其眞實的狀態相遇。心的本性爲空，完全清明、鮮活且生氣勃勃。但是一直以來，我們從未朝內觀看，或是從未融入心的眞實狀態之中；相反地，我們總是轉向於外，因而陷入二元概念的分別當中。我們以自我的偏好或不悅的心態來看待世界，然後就陷入輪迴，背離了心的眞實狀態。我們無法於心的自然狀態或境況之中安頓，而是在輪迴中一再流轉。

我們也試著提升自己的心，想要以自認爲更好的方式來增益它。這表示，我們在禪修時把空性視爲一種概念，想著：「心是空的。我一定要看到它是空的，了解它是空的。」如此一來，這種空無就成爲一種造作的概念；與其將空性單純視爲心的本然樣貌，我們反而執著於這種空性的概念。

同樣的事情也發生在**明性**。與其將明性視爲本來就屬於心的一部分，我們反而造作出關於心之明性的概念。因此我們所做的乃是企圖把心弄成這般或弄成那般，而非單純將自己融入實際爲空性與明性的心之中。

禪修是一種法門，讓我們能夠了悟心的自然狀態，並且有許多不同的方式可供我們使用。譬如運用觀想的特定技巧，迎請或思惟本尊的融入，和我們全然無二無別；運用**上師瑜伽**（上師相應法）和**前行**（加行）的修持；運用圓滿次第的禪修口訣；或者練習**寂止**（奢摩他）禪修的技巧。無論使用什麼方法，都是爲了要引領我們認出自心的本初狀態。在當下，我們無法認出心的自性，但是許多禪修的技巧可以讓我們認出心的實相。

因此，一切禪修的根本就在於認出自心眞實狀態的必要性。有句話說，我們必須認出心的如是樣貌，或者「完全赤裸」（徹底無遮）的狀態；「赤裸」在此意味著心沒有受到任何的遮覆或障蔽。如果能和心的這種赤裸、本初狀態確實融合爲一，自然就會了解何謂眞正的見地，如此，一切不屬於心的部分亦將自然消失。

另外也有人說：經由安住於心的本初狀態，自然能成就寂止的境界。這種寂止的狀態既不意味要試圖停止或壓抑念頭，也不意指要讓自己被念頭帶著走。寂止指的是認出念頭的眞正本貌。如果能夠認出念頭原來的樣子，它們就會自動消融而逝去。

對我們的心造成負面影響的事情，也是如此。如果我們安住於心的自性之中，所有令人不悅的因素都會自然消失；一旦我們安住於心的眞實本質之中，所有瞋恨、執著和愚癡的念頭便會就此終盡。

這些負面的因素（心所）就如毒素，會污染我們的生活，也會爲來世帶來極大的痛苦。當這些煩惱（惱人的因素）出現時，並不需要加以壓制，就像我們無法藉由建造水壩來截止河流一樣；如果試著停止心中的念頭與覺受，反而會製造出許多身、心的亂流。所以，處理這些煩惱的正確方法，就是讓自己完全安住在心的如是狀態中而認出它們；若能如此，則所有的念頭、感覺和煩惱都會自動消失，心的殊勝明性與鮮活則會增益。我們不可能向任何人表述本然心的樣貌是什麼，這就如同描述味道一樣，根本無法用言語形容。在心無有變異時的那種覺受，就是本然心；而這種對於本然心的覺受，絕對難以向他人表述。

對於本然心的了證基礎，從無始以來就在各個眾生之中，無一例外。在認出心的本質之後，我們並不因此變得特別，或是比尚未了證的人更為出色；時時刻刻，每個眾生的心都具有相同的特質。

儘管我們都具有這種心的本初自性，卻尚未得以認出，這就是爲什麼我們需要方法來學習並加以認出，而其方法便是透過上師的指導。這位上師應該已然具有如此的了證，並且還持有直指心性法教的不間斷傳承。

岡波巴開始修持

回到傳記的本身。當岡波巴首次遇到密勒日巴時，密勒日巴藉由以下的開示給予口訣：「你必須毫不放逸地禪修。不要花太多時間思索，而是把重點放在禪修。」在岡波巴領受這些指示之後，他感覺密勒日巴的身體愈來愈明亮，明亮到他甚至無法正面直視。當晚，岡波巴回到住處就寢。

翌日清晨，他再度來到密勒日巴的住處。密勒日巴對他說道：「如果你想要修習佛法，一定要全力以赴！你必須完全地精進，否則將徒勞無功。但無論如何，秋天得出門乞食。」這是因爲在農作收成之後，僧人需要乞食以度過西藏的寒冬。因此密勒日巴說：「除了秋天可以出外乞食，其餘的時間你都應該待在山洞中禪修，這才是眞正的修持之道。」

岡波巴聽到這段話後，頓時對密勒日巴眞實的教授生起了很大的信心，便前往巖洞修持他所領受的**拙火**（藏文 tummo）口訣指示。

岡波巴在一個風勢凜冽的地點，全身赤裸的修持拙火；儘管身體沒有遮覆，但因爲禪修有成，他覺得無比的大樂及舒暢，並且感到非常溫暖。

一晚，岡波巴徹夜進行禪修，直到黎明才入睡。當他醒來時，感覺身體硬得像石頭一樣，且非常寒冷；但是他沒有放棄而繼續禪修，這樣持續了七天，大樂與煖熱的覺受變得愈來愈強烈①。最終，在禪修七天之後，他於清晨時出現了見到五方佛②的景象。

他看到不空成就佛、寶生佛、阿彌陀佛、不動佛（阿閦如來）與毘盧遮那佛（大日如來）顯現在他的面前，因而覺得這是非常特別的經驗，於是請求密勒日巴對此開示。

密勒日巴說：「你要知道，如果用手指壓住眼球，便會看到雙重的影像，即使天上的月亮只有一個，你也會看成是兩個，這不是多麼異常的現象。同樣地，當你禪修時，能量（氣）開始在身體內部流動，如果代表你體內五種元素的能量受到緊壓，便會出現見到五方佛的覺受。你不應將此視爲禪修的過失或功德，那只是身體的能量循環發生了小阻礙而已。只管繼續修持。」

之後，岡波巴繼續修持了三個月。某日凌晨，他出現了一種感受，彷彿整個世界變成輪子般飛快轉動，由於他的胃剛好空空如也，所以在一陣暈眩之後開始劇烈嘔吐，這讓他覺得痛苦萬分。之後，他詢問密勒日巴：「是不是哪裡出了差錯，或者這是好的徵象？」密勒日巴就只是這麼回答：

「如同上次，這也沒有什麼特別，不過是個徵兆，表示你體內右脈和左脈的循環稍微擴張了些。繼續修持。」

從這些經驗中，我們學到了一件事，那就是我們的心時時刻刻都在改變，非常容易且快速地就從某一種狀態轉換成另一種狀態。有時我們會覺得事情進行得非常順利，有時則否；但其實無論事情究竟是好是壞，它的結果〔通常〕不會讓人立即感受得到。萬事萬物不會在一夜之間為你劇烈地翻

①拙火修持（tummo practice）是那洛六法之一，涉及將能量導入中脈以提升禪修。拙火修持的附加作用就是身體各處會生起大量的熱。在哈佛醫學院的實驗之中，拙火行者可以將自己的體表溫度增加到華氏一百三十度（中譯註：攝氏五十四點四度）。

②五方佛分別是：不空成就佛（Amoghasiddhi）、寶生佛（Ratnasambhava）、阿彌陀佛（Amitabha）、不動佛（Akshobhya，阿閦如來）、毘盧遮那佛（Vairochana，大日如來）。每一位佛均和某一個元素（大種）相關。參見創古仁波切的《五方佛部與八識》（*The Five Buddha Families and the Eight Consciousness*），和樂法叢信託出版社。

轉。沒有必要因爲你認爲是好的徵象而變得驕慢；也不需要對於你在禪定中覺得不好的徵象而感到憂心或害怕。

又有一天早晨，岡波巴突然在面前看到**觀世音菩薩**的身相，時而鮮明清晰，時而褪色淡去；觀世音菩薩還變化出許多不同的樣貌，且下方都有著月輪。之後，岡波巴詢問密勒日巴，請他解釋這個覺受的意義。

密勒日巴說，這只是因爲菩提心的**細微明點**上升到頂**輪**，讓這個明點有所增長，因而才會有此覺受。不過，這個覺受並沒有任何深層的意義，因此不需要認爲它有什麼重要。密勒日巴繼續說：「你只要持續禪修就好。」

另一次，在某天夜裡，岡波巴看到了所有的地獄道。由於眼見地獄眾生所受的痛苦，讓他實在難以忍受，因此他感到無比悲傷且極爲驚嚇。當他請密勒日巴對此作解釋時，密勒日巴說：

「這不過意味著你的禪修帶太過緊繃，以致壓迫到體內所有的**風息**（氣），導致體內能量的阻滯。你只需要稍稍鬆開禪修帶即可。繼續修持。」

阿彌陀佛
西方

寶生佛
南方

毘盧遮那佛
（大日如來），中央

不空成就佛
北方

不動佛
（阿閦如來），東方

這一天，岡波巴看到了一個景象，有六種**欲界**的天神，每位神祇都朝著位階較次一等的神祇潑灑療癒**甘露**（梵文 amrita）。當這些療癒甘露落在位階較低神祇的所在之處，他們當即一飲而盡，並感到非常滿足愉快。岡波巴看到自己的母親也在其中，卻得不到一滴甘露，顯得非常地口渴。

密勒日巴解釋：「甘露的流動是一個徵象，表示喉輪的明點增長；而母親感到非常口渴，則代表中脈尚未開啓。」因此他建議岡波巴從事一些比較劇烈的運動，好讓能量的流動更爲順暢。

後來，岡波巴又禪修了一個月，並在結束之後生起了極爲不悅的身體感受，不僅身體焦躁不安，內心也受到很大的干擾。一方面他很想大聲喊叫，一方面他也開始懷疑自己是否著魔了？他就這些經驗詢問了密勒日巴。密勒日巴告訴他，這是他心間明點增長的徵兆，並且說：「只要更加努力，繼續禪修就好。」

在這次經驗之後，岡波巴再也不需要進食任何東西了。

一日，岡波巴看到太陽與月亮在他面前的虛空中生起，兩者都處於蝕相；蝕相極度黑暗，就好像馬尾造成的遮蔽那樣。他前往詢問密勒日巴，密勒日巴說：「這無好無壞。只表示體內的風息從右脈與左脈集中到了中脈③。」

當密勒日巴告訴岡波巴此徵象乃無好無壞時，岡波巴心想：「密勒日巴眞是個優秀的教師。」接下來，密勒日巴大聲地說了三次：「現在！現在！現在！」之後便一語不發。岡波巴認爲這代表即將有什麼事情要發生了。他趕緊回到自己的修持處，非常精進努力地禪修。

岡波巴又禪修了一個月，有一天他親見**喜金剛**的壇城，心想：「這一定是好的覺受」，便下座去見密勒日巴。但是密勒日巴再次告誡岡波巴，不應該將這個覺受視爲多麼重要，因爲它無好無壞，只是代表他藉由禪修而使體

③身體之中有三個主要的能量細脈。右脈與日有關，左脈與月有關，因此日月蝕代表著能量離開右脈和左脈，進入中脈，也就是智慧和方便的雙運，或可說是大樂和空性的雙運。

內血液增加，且在心臟部位的各脈之中，血液循環非常強勁而有所感覺。密勒日巴說：「只管繼續。」

過了不久，岡波巴生起另一種覺受，他感到自己的身體變得非常巨大，充滿整個宇宙，而宇宙**六道輪迴**的所有眾生都容納於岡波巴的身體之內，並且都在飲用乳汁，各處則響起了巨大的吼聲。黎明時分，當他取下禪修帶時，所有的事物忽焉消失。岡波巴再度求見密勒日巴，請示密勒日巴這究竟是怎麼回事。

密勒日巴解釋：在身體之中分佈著數千個不同的脈。較粗重層次的脈，就像是血液循環的靜脈與動脈；較細微層次的脈，則像是神經系統；至於更細微層次的脈，便是心的微細能量流動。密勒日巴又解釋：現在，最基本層面的風息流動，例如血液和神經系統，已然受到激活。岡波巴如今的任務就是要將這些全都轉化為清淨的氣，也稱為智慧的氣（智慧風）。然後密勒日巴說：「現在，繼續修持就對了。」

又有一天，岡波巴感到身體變成了白骨，沒有任何血肉，只剩下筋腱和神經把骨架撐住而已。他詢問密勒日巴。密勒日巴解釋，這是因爲他的呼吸太過粗重，應該更加平緩輕柔。

爲了矯正這一點，岡波巴調整了禪修的方式：他在傍晚禪修本尊，晚上祈請上師，清晨則從事呼吸禪修。

一日清晨，當他完成呼吸禪修時，感到有點睏倦，入睡後還做了一場夢，當中有廿四種不一樣的事物出現。然而，這個夢和先前的覺受都沒有關係，而且顯現的意義非常複雜。岡波巴尋思：「這場夢境到底是好、是壞？我的上師是佛，所以我應該請教他。」因此他直接前往面見密勒日巴。

當他抵達時，密勒日巴問：「你要跟我說什麼？」

岡波巴答道：「我剛才做了一個令人驚異的夢！」然後便以道歌描述了夢境。

您，怙主，修持瑜伽戒律的行者，
穿著棉衣的人，是多麼殊勝啊！
噢，王冠的頂嚴，滿願的珍寶，
您受到眾人的敬重，有如皇冠一般。
以密勒的稱號聞名，
而且美名散布十方，
僅僅聽聞這個名號，我便心生歡喜。
在東方北斗七星之下，我展開旅程；
不畏寒暑或身體冷熱，
就如常啼菩薩的典範，
我思忖：「何時能見到您，怙主日巴？」
在漫長的旅途中，我經歷無數艱難險巇。
在抵達之前的兩天半，

我的身體和生命凋萎，瀕臨死亡。
然而由於強烈的虔誠，
就像在東方犍陀越國
親見曇無竭菩薩的常啼菩薩，
我得遇見您，如父至尊日巴！
在扎西崗的法座上。
思惟：「吾願已成。」
此時我的鬚髮因大喜大樂而顫抖。

即使我沒有任何的幻相財富可作供養，
但我懷有對萬法此輪迴之基的厭離心，
我對生死之途感到害怕恐怖，
我已然棄絕世間凡庸的態度，

對修持的渴望從我深處生起。
怙主，您以慈悲之鉤攝受我，
這讓我難以忘懷，永銘於心！

怙主上師，您的僕人有事求教。
昨日傍晚，我正念誦本尊咒語；
午夜，我向上師祈請。
稍晚，我修持持命氣；
在昨夜的盡頭，今晨黎明，
我小睡片刻。
離於任何熟悉的串習，
有個殊勝的夢境生起。

我有一頂夏帽，它鑲著絲褶，
朱紅毛皮爲緣，
鷹羽作爲頂飾，
我夢見自己把帽子戴在頭上。

我有藍色的美麗靴子，
它以黃銅鑲嵌，以銀環爲扣，
我夢見自己穿著這樣的靴子。

我有白絲做成的袍子，
它的翻領由金線滾邊，
還有朱紅斑點的美麗圖樣，
我夢見自己穿著這件衣服。

我有一條來自蒙地的布質腰帶，
飾以各種不同色彩的花朵，
好幾串流蘇和珍珠的花鬘，
我夢見它纏繞自己的手腕三匝。

我有一條白色的小山羊皮斗篷，
自然而無剪裁，
用帶著茉莉圖樣的銀飾所繫緊，
我夢見自己頂上披掛這條上好斗篷。

我有一支檀香木手杖，
它以七寶石作爲鑲飾，
把手則飾有金絲花紋，

我夢見自己右手握著手杖。

我有一只眞正的金剛顱器，
盈滿著金色的甘露精華，
我想：「要以此作爲飲水的容器。」
我夢見自己左手持著顱器。

我有一對色彩斑斕的肩袋，
其中盛滿白米，
我想：「要以此作爲佛法的資糧。」
我夢見自己將它掛在右肩。

我有一匹黑色羚羊的獸皮，

它的頭與四蹄俱完好無缺，
我想：「要以此作爲禪修的坐墊。」
我夢見自己將它掛在左肩。

接著，我往右方遠望，
那是一片金黃的豐美草地，
許多牛犢與綿羊正在放牧吃草。
夢中，我想：「我會是牠們的牧者。」

其後，我往左方眺望，
那是一片綠松石的草地，
盛開著各色的繽紛花朵，
我夢見許多女子向我頂禮。

有個庭園中央開滿黃色花朵
各個都綻放著金黃色彩。
在這些花朵堆聚而成的座上，
我夢見自己持平躺之姿。

我夢見面前有泉水湧出，
我夢見背後放射亮眼的光芒，
我夢見自身由於大火而輝耀，
我夢見日月在心中升起。

有這些奇妙的夢境出現，
不知是否預示著吉徵、凶兆？
怙主瑜伽行者、遍知三時者，

尚請垂示我所未能了達之義！

在岡波巴說出這個夢境之後，密勒日巴回答：

「我對夢境很有經驗，能辨別夢到的東西是好、是壞。我知道所有事物的自性乃是如夢、如幻。現在，我就來解釋你的夢境，不過請別自己開始胡思亂想，也別焦急。只要讓你的心安住，全然地自在就好。」

之後，密勒日巴唱道：

醫者，這是我的回答。

請仔細、專心地聆聽！

孩子，你已研讀桑噶譯師所傳的**勝樂金剛**

受到上烏魯的噶當巴訓練。

你有不間斷的良好行持之流。

由於思及：「所有這些徵兆都很奇妙！」

你因而認爲它們有些特別，

並且相信你所串習的夢境和幻想。

孩子，你若非學習不足，就是僞裝。

你難道不曾學過經、續、論嗎？

在了義般若波羅蜜多經中，

已然宣說夢境並非眞實，

它們全是空的——空洞且不實。

就如牟尼所說，它們皆是徒然。

祂以同樣的方式解釋了：

幻相的八種譬喻。
難道這些尚未進入汝心？

儘管如此，至少以這次來說，這些預兆
乃是對於未來的預言，而且甚妙，甚善！
我這位瑜伽行者對於夢境是訓練有素的，
同時還擅長指出幻相。

你頭上所戴的白色帽子，
是成就升序與降序諸乘（ascending and descending yanas）的徵象。

漢地絲綢的褶邊，
表示細微和深奧的心。

有如美麗紅狐的顏色，
意指不同的傳承相異但不混淆。

鷹鷲波湧起伏的羽毛，
爲大手印的頂峰，
此乃見到無生本性的徵象。

你所穿的那雙靴子，
是旅歷升序與降序諸行的徵象。

由四個銅鈕裝飾的藍色鞋子，
是成就**四身佛果**的徵象，
是積聚**兩種資糧**的徵象。

閃耀的銀色扣環，
是了知行持歧途風險的徵象。
你從不漫不經心或魯莽行事，
而是如同年輕的王子，
舉止優雅且行爲留意。

你所披的白色絲袍，
是免於過患染污的徵象。

衣領裡的純金絲線，
是保持良善發心的徵象。

朱紅斑點的美麗裝飾，

是以悲心爲利益眾生而行持的徵象。

由蒙地布料織成的腰帶，
在你的手腕上纏繞三圈，
是你會謹守三乘誓言的徵象。

白色花朵的美麗裝飾，
配戴多串的珍珠花鬘，
是你以〔戒定慧〕三學爲嚴飾的徵象，
與你以喜悅帶領弟子眾的徵象。

你所戴的白色小山羊皮斗篷，
是證悟無垢法身的徵象。

自然成形而未經裁剪的披肩，
是無有造作的徵象。
它由銀製扣環所繫，
是不變眞理的徵象。

那只檀香木的手杖，
是你依願而尋得上師的徵象。

其所鑲嵌的七寶石，
是怙主上師的善德。

把手上的金色花紋，
是你藉由給予口耳傳承的心性口訣，

而將攝受具器弟子的徵象。

你以右手握著〔手杖〕，
表示你由大樂到大樂的旅程，
而將達至**佛國淨土**。

眞正的金剛顱器，
是表示空性本質的徵象。

盈滿的甘露精華，
是覺受與你不離的徵象。

甘露的耀眼金光，

是顯相明性的徵象。

思忖你將以此作爲飲器，
是表示此三者合一的徵象。

你以左手持著〔顱器〕，
是覺受與你不離的徵象。

美麗的雜色肩袋，
是你一切欲求皆成爲道途的徵象。

一對袋子掛在一邊肩膀，
表示藉由般若和方便的合一，

你將於大乘道途上啓程。

袋中的白米，

你想以此作爲佛法資糧，

顯示你一生皆無壽命障礙的徵象，

並且你將以禪悅爲食而得到滋養。

於你左肩上的黑羚羊皮，

是正念無有放逸的徵象。

牠的頭與四蹄俱在，

是你全然嫻熟於菩提心的徵象；

也是你已修持**四無量心**的徵象，

因此，你將能拔除六道眾生的痛苦。

希望以此作爲禪修坐墊的想法，
是空性與悲心無二無別的徵象。
表示在你的相續中已生起了證。

你在右方所遠遠見到的
那片美麗金黃的豐美草地，
是你內、外善德皆有增益的徵象。

放牧吃草的牛犢和綿羊，
是你經由佛法、物資、身爲皈依的對象，
而將滿足眾生願望的徵象。

思忖你會是牠們的牧人，
是你以慈善保護這些無依怙眾生的徵象。

你在左方所遠遠見到的
那片綠松石的草地，
是完全證得無垢**三摩地**的徵象，
表示你已見到大樂與喜悅之智。

使其增色的各類繽紛花朵，
表示你會逐漸出現成就的徵象而且將無窮無盡，
並且生起種種不同的覺受。

有許多女子〔對你〕作了頂禮，

表示你將懷攝居於脈與明點的空行母眾。

庭園中央有黃色的花朵，
是你能以三摩地了證和持守淨戒為嚴飾的徵象。
你的身旁將有僧眾聚集，
他們就如天空中的雲朵。

由盛開的金色花朵
所堆聚而成的法座，
表示你因般若而不住輪迴；
但就如蓮花出污泥而不染，
你也不受輪迴的過患所垢。

你採取了平躺之姿，
表示你因悲心而不住寂滅；
但就如年輕的菩薩，
你將示現化身，
利益六道之中的如母眾生。

在你面前湧現的泉水，
是你將散布佛法王國的徵象。

在你背後閃耀的燦爛光芒，
是你將淨化藏地的徵象。

你的身體由於大火而燦爛，

表示經由拙火的樂煖之智，
你將能融化雜念妄想之冰。

在你心中升起的日月，
表示你將總是安住於
超越來去的明性狀態。

孩子，這是好夢，不是惡夢。
這個關於未來的預言，
是揭示吉祥預兆的佛法徵象。
整體來說，無論什麼覺受，不管是夢、是眞，
如果你執以爲實，它們就成爲障礙；
如果你視其爲幻，它們就成爲道途；

如果你不知夢的意義，便無從解釋；
你可能會把好夢解釋爲惡夢。
如果你對夢境修持已然了證，
則能把惡夢解釋爲善妙吉祥。
一般來說，夢既不好也不壞。

良善種性之子，莫要執此爲善。
噢，比丘，謹記於心！

密勒日巴解釋了夢的意義。從許多方面來說，這是岡波巴未來事業的預兆，顯示佛陀法教將有長足的發展，也預示岡波巴將獲致完全的證悟，可說都是非常正面的徵象。不過，密勒日巴還是對岡波巴開了個小小的玩笑，他說：

「你是個非常努力的行者，不但學習廣泛，而且修得很好。但今日看來，你似乎格外在意你所做的這些夢。你難道不曉得佛陀曾經說過：夢境毫無意義，沒有任何實質？你到底是太過認眞地看待你的夢，還是只不過隨口問問而已？總之，沒有必要被這些夢搞得七葷八素。那只是發生過的一件事而已。」

岡波巴在中央，密勒日巴在左上方，阿底峽尊者在右上方，
下方為康巴三士：帕莫竹巴、杜松虔巴、沙東修恭。

3
岡波巴的佛法事業

岡波巴修道傳記的第一部分，是關於他的大乘種性如何得以全然喚醒；第二部分，是關於在他身上如何顯現大手印的全然了證；第三部分，則告訴我們岡波巴的偉大事業如何傳布十方、遍滿所有虛空。

岡波巴名號的由來

在這之前，我要解釋一下岡波巴的名字。我們知道馬爾巴被稱爲「大譯師」是因爲他將許多法教從梵文譯爲藏文；而密勒日巴被稱爲「日巴」的意思是「穿著棉衣者」。岡波巴通常有兩個名號：達波仁波切和岡波巴，這兩個名號都和他的廣大事業有關。岡波巴透過其廣大事業，將佛陀法教傳布到非常廣遠的地方，因此幫助了許多眾生。

首先，釋迦牟尼佛曾經授記：有一個人會來到一處稱爲岡波的地方，在那裡建立修道中心。之後，密勒日巴也同樣提及，並且建議岡波巴在西藏東部一處稱爲岡波的地方建立修道中心。密勒日巴表示，以該處爲基礎，岡波巴將能幫助許多眾生達到證悟，甚至是即生證悟；密勒日巴也預言：岡波巴將能極為穩固地在西藏、甚至西藏以外的地方建立法教，而他的佛法事業將對眾生具有深遠的影響，直到佛陀法教於此世間消失之際。

岡波巴聽從了密勒日巴的建議，前往駐錫於岡波。岡波位於西藏東部，靠近一處又稱為達波的地方，這就是岡波巴有兩個名號的由來。「岡波巴」意為「岡波的人」，達波仁波切意為「達波的珍寶」，兩個名字都指出他所曾停留的這個地點；此處可說是其所有事業的基礎，他便由此開始發展而透過許多不同的方式利益眾生。

岡波巴前往岡波

岡波巴遵循密勒日巴的建議，前往岡波。這是一處與世隔離且極為荒涼之地，但因位處森林之中，故而頗宜人居。

岡波巴抵達該地時，最初他意圖獨居十三年以進行閉關禪修。他為自己建了一間僅容獨居的小屋，就只有一個房間。一天夜裡，他決定要在小屋裡禪修十三年，不與任何人接觸。

某一天，岡波巴做了一個夢，夢中聽到有個聲音說：「把自己鎖起來獨自禪修十三年，並不是個好主意；如果你在這十三年中花點時間教學，將能夠更加利益眾生。」

岡波巴醒來之後對此感到非常驚訝，想道：「這樣的確很好，但是哪來的學生啊？這裡一個人都沒有！」

無論如何，他還是聽從了夢中的建議。到了第二天就有人來了，第三天又有人來了，最後有許多人前來依止他。有些人是從西藏中央的兩個地區衛與藏而來，有些人則從西藏東部前來；最後，他門下聚集了許多弟子，包括五百名阿羅漢——這些阿羅漢不只達到了修持果位，而且持守戒律並行止良善。除了這五百名戒儀嚴謹的學生之外，還有許多其他的學生。在他所有的弟子中，最優秀的便是「康巴三士」，他們三位來自西藏東部的康區，是岡波巴弟子中的**大成就者**。

在這三位來自康區的弟子之中，第一位稱爲白髮虔巴，因爲他年紀大，頭髮又白，後來他成爲著名的第一世噶瑪巴杜松虔巴。第二位來自康區的弟子稱爲多傑嘉波或多嘉，他的身體非常強壯，並以帕莫竹巴稱號聞名，還成立了帕莫竹學派，後者成爲噶舉的四大傳承之一。第三位是來自康區的學生稱爲沙東修恭，「沙東」意指「空性與明性」，授予這個名字是用以表徵他的偉大了證；「修恭」則是兔唇的意思，不過是個從外貌而來的別名。

有一天，沙東修恭想著：「我們三人都屬於那洛巴的傳承。在這個傳承中，陰曆初十[1]是非常重要的日子，如果在那一天，我們三人能舉行一次金剛亥母（梵文 Vajravarahi）的薈供並且修持**儀軌**，應該是個好主意。」

康巴三士中的另一位，被稱爲多嘉的弟子說：

①蓮師吉祥日。

「這的確是個好主意，但我們需要謹慎行事，因爲我們住在寺院中，而每個寺院都有其規矩，其中之一就是在寺院中不得飲酒；但若要進行這個儀軌，便必須準備青稞酒。這麼一來，我們就會違反寺院的戒律。」但是兔唇的康巴人說：「不要緊。我們還是可以進行。」然後，他在某個夏季月份的第十天，爲他們安排了金剛亥母儀軌以及薈供。

他們計畫要一起舉行金剛亥母的儀軌或火供，但因爲這個特定的火供必須要先釀造青稞酒，所以就一定要得到岡波巴的應允。首先，杜松虔巴去見岡波巴，稟告：「我們要進行一場金剛亥母的火供，請准許我們釀造三杯盈滿的青稞酒。」他得到了允許。

第二個人去見岡波巴，也獲准釀造三杯酒；第三個人也去見岡波巴，還是獲准釀造三杯酒；最後，他們三人一共可以釀造九大杯的青稞酒。

於是三人便開始一起釀造青稞酒，不過因爲他們皆非凡夫俗子，所以在每個過程中都有神通的變現。當他們在釀酒的時候，多嘉讓樹木像動物一般移動行走；接著白髮虔巴，亦即噶瑪巴，把水保留在過濾青稞酒的布料中；沙東修恭則使能量從指尖流出以煽風生火，而不是對著管子吹氣生火。當所有的青稞酒都釀好了之後，他們就開始舉行薈供。

他們以極爲振奮的精神進入禪修，有可能因爲青稞酒的助興而稍微過頭了些，以至於高興到開始載歌載舞；三個人都唱了好幾首歌來作祈請，也表演了偉大的噶舉風俗舞蹈，以及下面這首著名的秘密祈請道歌：

噢，這個場景，且容我們金剛兄弟祈請。
讓我們眞誠祈請，加持就會來到。
您安住在我頭頂的日輪與月輪之上，
仁慈的根本上師，我向您祈請。

在色究竟天的法宮殿裡，
偉大的法身**金剛持明**，我向您祈請。

在東方的殊勝薩霍爾寺裡，
帝洛般若巴扎❶，我向您祈請。

在北方的普巴哈里寺裡，
博學的大學者那洛，我向您祈請。

在南方卓沃谷地的寺院裡，
身爲譯者的大譯師馬爾巴，我向您祈請。

在拉企雪域的高地放牧場裡，

怙主喜笑金剛，我向您祈請。

在東方的吉祥岡波寶山裡，
法王醫者達波，我向您祈請。

在西方的鄔迪亞那宮殿裡，
金剛亥母明妃，我向您祈請。

在清涼苑屍陀林裡，
瑪哈嘎拉與瑪哈嘎里等護法眾，我向您祈請。

❶帝洛巴的出家法名「慧賢」音譯。

願內在與外在的違緣、障礙不會生起，
請賜予我不共與共的成就②。

他們歡喜、亢奮地一起歌唱、祈請並且舞蹈，如此持續了相當長的一段時間。由於他們的大聲喧嚷，寺院的戒師聽見聲響，便來問道：

「你們三個在做什麼？看起來已經違反了寺院的規則。你們到底在想什麼，怎麼會這樣又唱又跳？你們會讓其他人有很壞的印象。這是不應該的，你們必須離開！」

然後就把他們三個都趕出寺院，並說：「你們必須今晚就走！現在就走！」

三位康巴漢子之一的多傑嘉波，試著唱一首歌給戒師聽，以解釋他們究竟在做什麼，而不是胡鬧而已；他們其實是用酒來增強修持覺受，目的絕非一般的買醉。但是戒師不容分說，也不願破例開許，說道：

「好吧，你們不必現在就走，但是到了黎明就一定要離開，在可以看清路面的時候就出發。」

翌日清晨，當路面朦朧可見的時候，這三位康巴漢子便啓程了。他們甚至沒有機會向岡波巴道別，只攜帶少許的個人物品就上路了。

這一天早上，岡波巴在寺院上方瑟瓦山洞的閉關小屋裡，他想：「昨晚似乎發生了什麼令人驚異的事情，有許多神奇的事情發生。」

但他也注意到勇父和空行母正準備離開，心想：「這事兒非常奇怪，我必須找出究竟是怎麼一回事？」

岡波巴派了一些人往外看，發現了很不好的徵象。他們看到所有的鳥兒

②究竟的不共成就或無上成就（siddhi，悉地），是指持續地了證心與所有實相的光耀明性或明光本性。這就是圓滿正等正覺，或說是證悟、成佛。相對的共成就則指如下的功德：慈心、悲心、慧、智、神通、護佑、除障、健康、長壽、財富與魅力等等。來自喇嘛札西南嘉（Lama Tashi Namgyal）的開示。

不但大聲地嘎嘎鳴叫，還都靠近地面低飛，而且所有樹枝的頂端也都往下垂掛。岡波巴認爲這些是不吉的兆相。

這段期間，三位康巴人早已出發了。他們顯得非常悲傷，一面從山谷往下走去，一面還在祈禱。

此時，岡波巴說：

「這三人就此離去，絕不是件好事，他們一定得回來。他們從多生多世以來累積了極大的福德，現在他們的禪修非常有力。雖然有時會出現相當狂野的體驗，而有可能表現得異於常人；但是不可用凡人的標準來評判其作爲是好還是壞。像他們那樣的人，若表現得與眾不同，還是可以接受的。」

岡波巴從自身所處的位置做手勢要他們回來，同時也唱了一首道歌，名爲「修莫！回來上方吧！」❷：

嘎耶！諦聽，我三位無上的心子。

孩子們，別再往下了，回來上面吧！

在多生多世以前，
我們就有著甚深的業緣。
在遍知主薄伽梵
大依怙釋迦牟尼的跟前，
我曾是年輕的月光菩薩，
向世尊請法並得到了《三摩地王經》，
在當時數萬眾的聚集中，
你們為金剛眷屬的上首。

❷「修莫」不像是感嘆語，猜測是指沙東「修」恭和帕「莫」竹巴，但並不確定，且其中沒有提及第三位，所以仍然存疑。

如來接著便宣說：

「未來，當末法時期降臨，
傳布《三摩地王經》此甚深法教之義者，
將爲三世諸佛之子。
他便是醫者中的佼佼者，能治好各種煩惱的疾病。
而諸佛勝者對他的讚揚，將超乎言詮。」

當如來一再對在場眾人重述之際，
我允諾將傳揚法教，
而所有的集會大眾，
則皆誓願要幫助我，
由於過去的殊勝發願，我們因而於此世再度重逢。

這些共享的業與福德何其有幸。
我們曾如法領受此甚深的法教。
現在我們都已達至不還的果位。
孩子們，別再往下了，回來上面吧！

此殊勝之地，神聖的岡波山，
是神聖本尊的宮殿海。
大禪修者於此地禪修，
能迅速證得不共與共的成就。
孩子們，別再往下了，回來上面吧！

我，是你們如父般的上師，尼哇的大禪修者，
是足可信任的善知識。

如子之徒若仰賴於我，
能迅速了證大手印法。
孩子們，別再往下了，回來上面吧！

如理如法遵循教誡而修的弟子，
必然在此生與來世中，
得到廣大的利益。

毋需懷疑，當具信心！
讓信心在心中生起吧，具有福報者。
孩子們，別再往下了，回來上面吧！

密行瑜伽戒律是你們的善友，

每日四座都要維持不斷禪修，
這虔誠的衷心渴望，
是在道上一路敦促你們的無上友伴。
孩子們，別再往下了，回來上面吧！

一般而言，這些友伴——你的金剛兄弟姊妹，
各個依循法教而行；
修持大乘的勝義諦。
再沒有比他們更好的朋友了。
孩子們，別再往下了，回來上面吧！

大手印六法此深奧之法，
是佛陀教法、一切經續的精髓；

對於想要解脫的人而言，
再沒有比這口訣更無上的教言。
孩子們，別再往下了，回來上面吧！

若是知道如何無誤修持，
就能同時行旅所有的修道與菩薩位；
證果將實際於今生展現，
此事實不宜拖延到來世。
孩子們，別再往下了，回來上面吧！

一處好地方、一位善知識和多位好同修，
再加上能於道上敦促前進的佛法，
不管你們往何處尋找，

都不會有比這四者更尊貴的東西了。
孩子們，別再往下了，回來上面吧！

如果你們放棄這四條道路，要前往何處呢？
如今我們已因如此善妙吉祥的巧合而相遇，
不要懷有太多的希望與恐懼。
你們宜於留在此處繼續修持。
孩子們，別再往下了，回來上面吧！

從色究竟天的法宮殿，
這是法身大金剛持的命令：
回來！上來！

岡波巴的道歌喚回了康區的三位漢子。他在唱這首道歌時留在岩石上的足印和手杖痕跡，直到今天仍歷歷可見。

三人聽到了上師呼喚他們回來的道歌，皆感到非常歡喜。爲了回應，他們便以下列這首歌曲和舞蹈表達了自己的喜悅，叫做「修莫！往上回去！」

在色究竟天的法宮殿裡，
安住著大金剛持，
於此場景，且容金剛兄弟祈請。
上師說：「回來！」所以我們要回去了，不斷向上。
我們爬上了**上三道**（**善趣**），不斷向上；
我們踩落了**下三道**（**惡趣**），不斷向上。
修莫！多麼令人歡喜的美好覺受！

在東方的珍貴薩霍爾寺裡，
安住著帝洛慧賢，
於此場景，且容金剛兄弟祈請。
上師說：「回來！」所以我們要回去了，不斷向上。
我們爬著上三道的階梯，不斷向上；
我們踩落下三道，不斷向上。
修莫！多麼令人歡喜的美好覺受！

在北方的普巴哈里寺裡，
安住著大學者那洛，
於此場景，且容金剛兄弟祈請。
上師說：「回來！」所以我們要回去了，不斷向上。
我們爬著上三道的階梯，不斷向上；

我們踩落下三道，不斷向上。
修莫！多麼令人歡喜的美好覺受！

在南方卓沃谷地的寺院裡，
安住著馬爾巴大譯師，
於此場景，且容金剛兄弟祈請。
上師說：「回來！」所以我們要回去了，不斷向上。
我們爬著上三道的階梯，不斷向上；
我們踩落下三道，不斷向上。
修莫！多麼令人歡喜的美好覺受！

在拉企雪域的高地牧場裡，
安住著偉大的密勒日巴，

於此場景，且容金剛兄弟祈請。
上師說：「回來！」所以我們要回去了，不斷向上。
我們爬著上三道的階梯，不斷向上；
我們踩落下三道，不斷向上。
修莫！多麼令人歡喜的美好覺受！

在東方的吉祥岡波寶山裡，
安住著達波的醫者，
於此場景，且容金剛兄弟祈請。
上師說：「回來！」所以我們要回去了，不斷向上。
我們爬著上三道的階梯，不斷向上；
我們踩落下三道，不斷向上。
修莫！多麼令人歡喜的美好覺受！

他們於回程時，沿路都非常愉快地載歌載舞；就在他們往上爬時，同樣也在岩石上留下了足跡。

三人回來了之後，從此便全力幫助眾生，其中以多傑嘉波和噶瑪巴杜松虔巴尤甚。

有一則故事可說明岡波巴如何揭露關於這三位弟子未來成就的徵象。有一天，他告訴他們：「你們三個都去幫自己做一頂禪修帽，好了之後就回來見我。」

多傑嘉波想：「我的上師要我做禪修帽，那應該是指一頂又大又好的帽子。」於是他就做了一頂非常精美又巨大的帽子。

杜松虔巴想：「我的上師要我做個帽子，他說的肯定是一頂很漂亮的帽子。」因此他就做了一頂非常精巧的小帽子。

沙東修恭聽完之後就去禪修，完全忘記了帽子的事。直到要回去見岡波巴的那一天，他才突然想起來：「我的天！他要我做一頂帽子，但我完全忘記了。但是我現在一定得做出什麼東西來。」所以他只取了一塊布和一根線，並把這些材料繫起來，戴在他的頭上。

岡波巴看到了多傑嘉波那頂華麗的大帽子，說：「你的華麗大帽表示你將創立噶舉的四大傳承之一和八小傳承。」因此，在多傑嘉波之後，留下了非常重要的修道傳承。

關於杜松虔巴，岡波巴說：「你製作了一頂非常精緻的小帽子，由於尺寸算是纖小的，這表示你不會像多傑嘉波那樣有大的傳承，或是許多不同的傳承；但是從你而來的傳承將會非常優良、清淨且強大。」

我們知道，杜松虔巴創立了岡倉噶舉傳承，也就是噶瑪噶舉傳承。

關於沙東修恭的奇異帽子，岡波巴說：「看起來你在人間無法做到太多事情，但是你會非常精進地修持禪修，你的成就將能幫助所有非人、天神和靈魔等等。」歷史也證明，沙東修恭在人間並未留下修道的傳承[③]。

岡波巴的法教傳續

從金剛持到岡波巴的傳承，被稱為「共的噶舉傳承」，因為這是所有噶舉傳承的源頭④。

如同先前所提到的，岡波巴有許多弟子。第一世噶瑪巴杜松虔巴，建立了岡倉噶舉的傳統。

竹清寧波領受了岡波巴的寺院——達拉寺的傳承，經由其弟子宗竹達巴建立了采巴噶舉（如傳承祈請文所提到的）。

巴融達瑪旺秋離開達波之後，往北到巴融，在那裡停留，並開始教導、給予禪修指引，他所傳下來的就是巴融噶舉。

康巴的多傑嘉波，是弟子中事業最為廣大的教師；他也是往北走，在普賢林中找到了一處稱為帕莫竹的地方，並且建立了寺院，稱為帕莫竹巴。他的傳承就是後來的帕竹噶舉。

岡倉噶舉、采巴噶舉、巴融噶舉和帕竹噶舉稱爲噶舉的「四大教派」，因爲它們是由岡波巴的四大弟子所建立的。

帕莫竹巴從他所彙集到的廣大教法中，給予許多弟子不同的口訣指示，因此產生了八個不同的傳承，分別是：直貢、達隆、綽普、瑪倉、葉巴、雅桑以及竹巴等噶舉傳承，統稱爲「八小傳承」。從這些傳承出現了許多的成就者與轉世上師。

由於祖師的努力不懈，在八小傳承中，有三者於後來變得特別突出，分別是：直貢覺巴吉天頌恭所成立的直貢噶舉；達隆塘巴札西佩所成立的達隆

③沙東修恭在該世的確給了教授，傳授的對象基本上是靈魔類的衆生。他後來繼續轉世，其中有一世為查列．洽貢仁波切（Traleg Kyabgon Rinpoche），是創古寺的一位重要祖古，而創古寺乃噶瑪噶舉的重要寺院之一。

④藏傳佛教有四個主要的教派：最古老的傳承是由蓮花生大士所創立的寧瑪傳承，其他三者分別為：昆．恭秋．嘉波所創立的薩迦傳承、馬爾巴大譯師所創立的噶舉傳承，以及宗喀巴所創立的格魯傳承，後者為達賴喇嘛所屬的傳承。

噶舉；以及竹巴噶舉傳承。竹巴噶舉傳承之名是來自林千惹巴的弟子，倉巴加惹巴所成立的南竹寺。由這個傳承出現了許多的成就者。

在所有傳承中，關於圓滿次第的深奧密乘教法都涉及了**那洛六法**。那洛六法是大手印的迅捷道教法，爲的是要帶領眾生以臻實證了悟。上師會根據弟子不同的本性與習性，給予不同的口訣指示，讓他們能快速且較易地達到了證；因此，在大手印中有著不同的傳承。例如，《大手印識得三身自性法》在岡倉噶舉中最爲重要，《大印五支》在直貢噶舉中最爲重要，竹巴噶舉則主要修持《一味六加行》（或《一味八加行》）。

在推動修道事業大浪的岡波巴弟子中，主要的人物便是杜松虔巴和多傑嘉波這兩位大弟子。他們將岡波巴所傳授的一切口訣指示，都完整地傳遞下來，既無佚失也無間斷。這就是爲什麼我們可以擁有一切教法完整傳承的原因。重點便在於：所有上師都從他們的上師那裡得到相應的口訣教言，禪修大手印而達到根本的了證，然後致力爲解脫一切有情眾生的苦難而行持。

如此，便爲岡波巴修道傳記的第三部分作了結尾。

問題與討論

【問題】金剛瑜伽母中的交疊雙三角有什麼含意？

【仁波切】首先，說明這些交疊三角的共通意義（交疊三角爲：一個尖端向上的三角形，重疊於另一個尖端向下的三角形，酷似「大衛星」❸）。實際上，在藏文中，此交疊三角的意義是「萬物之源」或「所有現象的根源」。其圖樣十分類似交疊的三角形，有六個尖角。

❸ Star of David，由兩個等邊三角形重疊而成的六角星形，又稱六芒星、大衛之盾、所羅門封印、猶太星等，是猶太教和猶太文化的標誌。資料來源：https://zh.wikipedia.org/wiki/ 大衛星。

如果有人想要解釋這個形狀的本身，就應該要說出它和各種普通的形狀如圓形、正方、三角形等等，有什麼差異。這個意思是：交疊三角的圖樣超越了我們所習慣的一般形狀，但它又不是沒有形狀；所以這個圖樣象徵著法界，而法界超越了中心與邊圍的概念，既無中間，亦無終線。法界便以這交疊三角來形述，而不是以萬物之源、萬象之根來作描述。

交疊三角亦當成一種手印來用，比如在領受多傑帕莫（金剛亥母）灌頂時的手印。多傑帕莫即爲智慧的體現。修持時，要以這些交疊三角的形式觀想佛的宮殿，由此來象徵法界，亦即一切現象的無生本質。在萬物的無生本質之中，在空性之中，觀想多傑帕莫代表了心的俱生本智。以上是就一般層次而言。

就特定層次來說，在多傑帕莫的頂上，這個手印可以代表了知的面向、空性的面向、現象的無生本質。此外，還可以解讀爲展現出勝樂金剛的本質，也就是空性和悲心的合一。

【問題】可以請您多談談《三摩地王經》嗎?

【仁波切】《三摩地王經》是佛所宣說的經文之一。其主要的重點顯然就是禪定(梵文 samadhi 三摩地,定)。當岡波巴誓願要持守並宣揚這個教法時,實際上並非透過經文字句的傳續,而是透過經文涵義的傳遞所達成的;意思是說,岡波巴並未直接書寫關於經文內容的釋論,而是藉由解釋禪修的重要性,以及如何修持禪修,來闡明這部經文的精要。

行者是否藉由經乘或密乘的方法來修持禪修,並不是關鍵,眞正的重點在於要實際地修持禪修。以此意義而言,岡波巴投入了所有精力來講述禪修的重要性,以及如何適當地修持。他還特別宣揚了大手印禪修,並因此使許多人能夠達到全然的了證。他們之所以能有這樣的成就,是因爲岡波巴讓禪修傳統得以保持最佳的狀態、輔以全套的教言,故而完整且活躍地不斷傳遞。所以我們可以說,岡波巴圓滿其承諾的方式,並不是僅僅藉由宣講經文的字句，而是藉由宣講這部經文的意義——如何禪修以及禪修在達到了證上的重要性——而達成的。

【問題】沙東修恭如何能用手指來生火？

【仁波切】生火要先有個小火花，再來就需要用它來點燃，然後吹氣讓它燃燒起來。既然沙東修恭已經能完全控制自己的風息，便可以直接讓氣流從身體的任何地方湧出，比如從皮膚毛孔或指尖流出；所以他將這道氣流用力一吹，就讓火燃起來了。

第二部

岡波巴四法

4

岡波巴四法的傳承

據說噶舉傳承是來自法身佛金剛持。我們可能會想：「咦，我以爲佛陀的法教是來自釋迦牟尼佛。」然而，佛心即是法身，他以釋迦牟尼佛的身相示現在我們的世界中，那是以無上的化身[1]來示現。所以，在法身佛和兩千五百年前出生於印度的釋迦牟尼佛這兩者之間，是無二無別的。

法身並無生死，亦不需要超越輪迴。法身有三個功德：智慧、悲心、善巧方便。這三個特質並非佛陀獨享，它們也是智（梵文 jnana）的本質。

法身之智以兩種方式向弟子展現。首先，對高度了證的弟子來說，是以報身的形式出現，舉例來說，當這些清淨的弟子造訪淨土，會看到金剛持佛和其他菩薩，就像在**唐卡**中所畫的一樣，配戴著許多的瓔珞莊嚴等等。

第二種方式，是以普通人的化身出現，比如許多世紀以前出現在印度的釋迦牟尼佛。無論如何，這兩種形式基本上都是一樣的，因爲金剛持佛就是報身之意和化身之意。只有大菩薩和大成就者才能親見報身佛金剛持；他們的確有可能親見。舉例來說，大成就者帝洛巴曾直接面見報身佛金剛持。當帝洛巴在西元十世紀遇到報身佛金剛持的時候，化身佛釋迦牟尼早已不在世上。無論如何，遇見報身佛金剛持與親見化身佛釋迦牟尼是沒有分別的，兩者均爲法身之意的化現。

大學者那洛巴爲帝洛巴的學生。那洛巴是那爛陀大學的住持，而那爛陀大學是印度佛法的主要學習中心。有一天，那洛巴正在研讀密續典籍**《密集金剛》**時，智慧空行母出現在他的面前。他覺得似乎有陰影或斑點突然出現在所讀的書上，正在尋思那是什麼時，一抬起頭來，便看見房間裡有一位醜陋的老婦人。

她問：「你可了解典籍的字句或含義嗎？」

他回答道：「我知道這些文字。」

①佛有三身：化身、報身與法身。法身是佛的圓滿智慧身。從法身而顯現的報身，其淨剎唯有登地的菩薩才可以造訪。化身則是在世間的示現，比如歷史上的釋迦牟尼佛。

老婦看來非常高興，先是微笑而後大笑。

那洛巴心想：「我才表示自己知道這些文字，就她如此歡喜，那她可能會更樂見於我對其內涵的了解。」於是他又補上了一句：「我也了解它的意義。」

女人的臉色頓時黯然神傷，看來非常難過且沮喪。

那洛巴注意到這個轉變，心想：「這眞的很怪！當我說自己知道字句時，她很開心；但當我說自己知道意義時，她卻變得如此傷心。我一定得問她這是爲什麼？」於是他就詢問這位老婦人。

老婦人回答：「你的確非常博學，你的確知道字句，這是眞的，所以我很高興；但是，你並不了解字句的意義，所以當你說自己了解意義時，就讓我非常傷心。」

聽到了老婦人的話之後，那洛巴問道：「那麼，有誰知道它的意義呢？」

她回答：「在印度東部，有一位大成就者，名叫帝洛巴。他知道這些字語的意義。」

單單聽到「帝洛巴」這個字，那洛巴立刻生起了無窮的信念和信心，他尋思：「我一定要想盡辦法見到這個人！」

那洛巴是一位偉大的上師，他在那爛陀大學有許多的學生，同時也擔負著許多責任。當他表示自己要前往尋找大成就者帝洛巴時，他的學生和其他教師都向他哀求：「您不能走，請留在這裡，我們需要您。」儘管那洛巴曾考慮到這一點，但經過思考之後的結論是：如果他只知道字句卻不了解意義的話，留在那裡也無法眞正利益大眾，因此，他一定得去尋找帝洛巴。

爲了尋訪帝洛巴，那洛巴經歷了許多艱難的挑戰②，這包括跋涉到帝洛巴所在之處所必經的困難，以及他在找到帝洛巴之後於修煉中所承受的苦頭。最後，帝洛巴給予他直指心性的口訣教言，指導他如何修持而了解心的眞實自性。那洛巴修持這些口訣教言，並在心相續中生起了甚深的了證。

大譯師馬爾巴曾請求那洛巴給予口訣指示，並成為了他的弟子。那洛巴任命馬爾巴為他在西藏的攝政者，並且預言：就如同**大鵬金翅鳥**的下一代都會比母親更青出於藍，馬爾巴在西藏的每一代學生也都會比其上師更有成就。

為了檢視這個預言是否為眞，我們可以看看馬爾巴以下各世代的成就。馬爾巴將教法傳給學生密勒日巴，密勒日巴則把教法傳給了岡波巴。在岡波巴領受到這些教法的時候，他不只領受了大手印的教法，也就是那洛六法，同時也將這些教法和印度大師阿底峽尊者的修心口訣指示結合而相融。

岡波巴從密勒日巴處所領受的大手印口訣指示非常甚深，其所示現的是金剛乘的修持之道；而他從大師阿底峽所得到的口訣指示，則解釋了所有初學者如何趨入佛法之道，以建立非常清淨的動機來學習佛法而得以成就。阿底峽的口訣教言非常精微，並且也審愼地指示了修心的方法。

佛法原本是由蓮花生大士和寂護在八世紀時由印度傳入西藏，經由他們的教導而在西藏開始興盛。但是，到了西元九〇五年，朗達瑪國王迫害藏地的佛法行者，導致佛法幾乎滅絕。佛法行者必需躲到高處的山區，印度的教師也不再來西藏傳法。儘管人們還藏有佛教的著作和教法，但只能猜測教授

---

②在尋找上師帝洛巴的過程中，那洛巴經歷了十二小苦行。這些淨相的覺受分別為：⑴金剛瑜伽女化現為一位又老又醜的巫女，前往拜訪並告誡帝洛巴；⑵跨跳過一名擋在路上而無首、無足的痲瘋病女；⑶跨跳過一隻滿身都是寄生蟲而在地上爬行的發臭母狗；⑷不願和一位戲弄雙親的男人打交道；⑸不願幫忙一名男子撕扯並割開死人的內臟；⑹拒絕協助一位惡漢剖開活人的胃並用溫水洗滌；⑺被懇求要和國王的女兒結婚，只為了向國王打聽帝洛巴的行蹤；⑻拒絕接下弓箭而射殺一隻鹿，弓箭是由一名帶著一群獵犬的黝黑男子所提供的；⑼拒絕食用一對奇怪夫妻所提供的魚隻和青蛙；⑽拒絕幫助一名男子虐殺其父母；⑾當那洛巴終於見到帝洛巴時，拒絕帝洛巴的要求去滅殺一把蝨子；⑿最後，那洛巴遇到了許多獨眼的人、一位可以看見的盲人、一位可以聽見的無耳人、一位可以說話的無舌人、一位能在各處奔跑的跛子、一具能為自己輕柔搧風的屍體——如此而指出了大手印的徵象。

那洛巴在成為帝洛巴的弟子之後，經歷了十二大苦行：⑴從高聳的建築物一躍而下；⑵跳入烈火之中；⑶由於毀壞那些拒絕施捨者的食物而挨打；⑷建橋的時候遭到水蛭圍攻；⑸被帝洛巴手中燒燙的紅蘆葦所傷；⑹追逐一名如幻影般的男子直至筋疲力竭；⑺攻擊大臣而挨打；⑻攻擊王后而挨打；⑼攻擊王子而挨打；⑽不滿於自己和明妃的相處、自己和工作的關係，以及曾用石塊重擊自己的密處；⑾自己的明妃被帝洛巴打了一頓；⑿肢解自己的身體以用於壇城。在帝洛巴的堅持下，那洛巴於十二年的修持中，經歷了這些苦行。在每次苦行之後，帝洛巴都會給予那洛巴特定的教法，並撫平那洛巴所經歷的肉體折磨。

的內容。有的人會說：「我想意思是這樣的。」另外的人則會說：「不，我認爲是那樣的。」於是造成了佛法的衰墮，因爲沒有人知道眞正的佛法是什麼。在朗達瑪之後，名爲古格之益希沃的國王認爲有必要重新整頓佛法，因此邀請了最富盛名的印度大師——阿底峽尊者入藏，讓西藏的佛法得以純粹、清淨。

佛法當時怎麼會如此衰墮呢？早期在西藏所傳布的佛法見地，是非常先進、甚深和微細的見地，一般人無法立即修持；爲了要達到這高深的見地，人們必須接受基本的教授③。行者必須在心中生起欲從輪迴中出離的決心，這是藉由皈依三寶——佛、法、僧來達成。在進階修持之前，行者需要生起菩提心，或者證悟之心；生起菩提心是爲了所有眾生的福祉而發願完全證悟。同時也需要修持自他交換（藏文 tong len）的禪修，將自己與他人（的感受）進行交換。如果有人想在一開始就依上述來進行修心，那麼當他將這些教法和大手印的甚深見地結合時，他的修持將會有良好的進步。菩提心和修心的教法，就是由阿底峽尊者傳入西藏的。

大手印的近傳承（或短傳承）

帝洛巴（西元九八八至一〇六九年）

勝樂金剛的化身。從諸空行母領受大手印教法。

那洛巴（西元一〇一六至一一〇〇年）

那爛陀學院的大學者。因一位空行母的拜訪，告知他僅了解佛法字義而未了解眞義，並告訴他如何成爲帝洛巴的弟子。

③創古仁波切在其他的教授中，描述了摩訶衍（大乘和尚）關於行者如何檢視自心以達到證悟的觀點。寂護的弟子蓮花戒就此點和摩訶衍進行辯論。蓮花戒認為：行者必須要在漸道上先積聚大量的福德和智慧。由於蓮花戒贏得了該場辯論，西藏的寺院從此便都主張漸道。

馬爾巴（西元一〇一二至一〇九七年）

藏人，其妻子亦爲修行者，共育有八個孩子。前往印度三次，冒險帶回佛法。他師從那洛巴和梅紀巴，將那洛六法與大手印教法帶回西藏。

密勒日巴（西元一〇四〇至一一二三年）

西藏最偉大的聖者，身上一無所有，於洞窟中修行。師從馬爾巴並從馬爾巴處領受教法。徹底修持大手印，特別是拙火。

岡波巴（西元一〇七九至一一五三年）

從密勒日巴領受大手印教法，並和阿底峽尊者的噶當巴教法結合，成立了第一座噶舉寺院。岡波巴的弟子們成立了噶舉四大傳承。

杜松虔巴（西元一一一〇至一一九三年）

第一世噶瑪巴，領受岡波巴的大手印教法，建立岡倉噶舉傳承。是第一位轉世祖古，至今又轉世了十六次，以延續岡倉噶舉。

每一世噶瑪巴均傳續大手印的教法，這也是目前創古仁波切所屬的傳承。

5

第一法：
願心向法

岡波巴的第一法，通常譯爲「願吾心與法合一」，但是更直接的翻譯應該是「願吾心入於法」。對初學者而言，言行舉止是否如法，並不會影響太大；但是心能否如法，則至關緊要。因爲心若如法，言行自然也會如法；如果心與法不能合一，那麼言行舉止無論爲何，對眾生都毫無幫助。這就是爲什麼在一開始的時候，心就要與法合一，這一點最爲重要。

關於怠惰的問題

心要入法，就必須捨棄心不入法的原因；其原因就是怠惰，因爲人一旦怠惰，就無法繼續修持。

怠惰有三種類別。第一種是低估自己，想著：「現在的情況還稱尚可，並不覺得自己能做得更多；目前還沒有準備好要做更多的修持。談論證悟是很不錯啦，但證悟並不是我可以成就的事情。唉！我不是那種人，這眞的遠遠超乎我的能力所及。」若有這類想法，就會落入衰墮的行爲，而這些行爲將會變成修持佛法的巨大障礙。

其實，眞相就是：每個人都能修持，事實上我們都具有成就偉大事業的能力；自心之中就有著解脫和證悟的助緣。時時感到缺乏勇氣是沒有根據的，因爲我們已經具有了暇滿人生的條件①；我們也有著勝妙的心，而它有著如來藏。**「如來藏」**這個字的直接翻譯爲「通往大樂的本質」，通常譯爲**「佛性」**或「佛的本質」，意指達到圓滿證悟、臻至佛陀果位的潛藏力。

---

①具足八有暇和十圓滿的藏文為 tal jor。Tal 通常指的是「自由」，Jor 則指天賦、功德、資源和機會，由此而構成得以修持佛法的珍貴人身。傳統上的八有暇是：不生於地獄、餓鬼、畜生道；不生於邊地；不生於長壽天；不生於外道邪見之處；不生為心智不全之人；不生於末法時期（此處指的是無佛出世，而在其他的背景脈絡下，依據五濁的教授，現在我們正處於末法時期）。十圓滿是指十種連結或資源，其中，五種自圓滿是指具有人身、生於佛法傳揚的中土、各種感官具足、不再造作惡行、對於三寶具有信心。（若有感官受損以致心智無法正常運作以研讀或修持佛法，則等同喪失了珍貴人身）。五種他圓滿是：有佛於此時劫出世、此佛曾經傳授法教、佛法依然住世、仍有追隨者了悟法教意義和精髓、具有良善的護持者。〔中譯註：通常第五個他圓滿為「有上師已攝受為徒」。〕

我們何其有幸，已經獲得一種可以帶來廣大利益的境況——我們生而為人，得以修持佛法之道。無論是性別、年齡、身材、健康、容貌，一律平等。我們擁有人身，能夠修持佛法；與畜生不同，我們有能力使用語言，可以互相討論而增進理解；我們還有適於思考的心，有能力思索並了解已經聽聞的佛法。

在口傳教言中有句話說到，生而為人，即是獲得一具如珍寶般的身體。這個隱喻的道理是：珠寶非常珍貴，能購得任何想要的東西；同樣地，我們具有身體，可以使我們從事各類想做的事情。這就是為什麼我們不應採納怠惰心態的原因；那種心態，乃是相信自己並不擁有能在此生成就偉大事業的所需條件。

另一個毋需對自身情況灰心喪氣的原因是，在我們的內心都具有如來藏、佛性，那是一切慧和智的功德。所有眾生無一例外都具有如來藏，也就是善逝、如來的本質，而善逝便是「那已然前往至樂境界者」。只要付出應有的努力，我們都能達到圓滿的證悟。既然我們都具有可以獲致證悟的本質，所以，絕對不可認爲：「就算我一直修行下去也毫無是處。」

第二種怠惰是「執著於惡行的怠惰」。一般人喜歡從事正面的事情，但也有人喜歡犯下各種的惡行。如果行者開始捲入惡習，將爲其快樂和舒適帶來障礙；如果出現這種怠惰，就需要加以對治。此類執著的對治方法在於思惟生命的無常，以及業和業果的道理。

其他宗教的追隨者往往認爲佛教是非常消極的，因爲總是在談論無常和無我，這聽起來似乎令人沮喪，皆認爲宗教傳統應該要能夠鼓舞人心。但眞實的情況是：思惟無常反而能促使我們精進。就算是極易興高采烈的人，在他思惟無常的時候，也會安靜下來，開始感到後悔悲傷；即使在一開始，思惟無常可能會使人垂頭喪氣，但這只是暫時性的。思惟無常有三點好處：首先，它在一開始會讓我們趨向佛法，並且規勸我們修持、思惟佛法。其次，當人在修道上已稍有進展時，憶念無常能夠提醒我們要持續修持、投入更多的精力；當我們因其他瑣事而分心散亂時，思惟無常將帶領我們回歸修持。第三，無常是修持證果的友伴，也就是說，思惟無常能夠讓我們精進，而藉由精進，證得果位將「易如反掌」。

除了思惟無常之外，也要思惟業。業指的是「行為」，亦即因與果之間的關連。「業」這個字現在已廣為人知，通常人們認為自己是無助的。當某些違緣發生時，只會嘆道：「噢，這是我的業成熟了，我無能為力。」感覺好像是命中注定，而非獨立自由——這與業的意義背道而馳。關於業的教法是：實際上，我們是可以控制自己，能夠創造自己想要的事物。既然每個人都希求快樂，人們就可以得到其所欲求之樂；若我們修持善業、從事善行，就會得到快樂。如果對業的教法——關於當下行為和爾後結果之關係的教法應具備理解和信心，對業的理解將會摧毀執著不善行為的那種怠惰。

第三種怠惰是漠不關心的怠惰，也就是我們一般所知的怠惰，意指什麼都不做。我們不想特別從事任何特定的善行或惡行，只是覺得厭煩，對什麼事都提不起勁——這是一種極度危險的狀況。對治這種怠惰的方法就是去思考輪迴的過患。

輪迴的本質其實蘊含著改變與痛苦，因此我們需要了解輪迴。輪迴的定義是「具有困難和障礙」。我們通常認爲需要改變外在的原因或細節以獲取快樂，但卻總是相信自己對於那些造成痛苦的狀況無能爲力、無可改變。我們一般的想法是：「我沒有適合的伴侶，這就是問題所在。」或：「如果我有良好的伴侶關係，一切將會迎刃而解。」又或：「我的工作出了問題，只需要另謀他路、找一份好工作，然後就萬事如意了。」但其實並非如此，受苦就是輪迴的本質。當我們了解到遭遇不幸、缺乏錢財等這些問題並非短暫的現象，且痛苦乃是輪迴的本質時，就會有此領悟：唯有佛法可以幫助我們從輪迴的痛苦中解脫。這就是「心入於法」的意義。

九住心（奢摩他禪修的九個階段）②

②此圖示描繪有位僧人在追趕、綑綁、帶領和安撫一頭顏色由黑變白的大象。大象代表著心，黑色則是內心昏沉遲鈍的粗重層次。猴子代表心的掉舉騷動或散亂，且其毛皮到處都是黑色的。兔子代表內心昏沉遲鈍的細微層面。僧人揮舞的鉤子和繩索則是清晰了知和正念憶持。不同階段的火焰消逝代表著禪修所需要的努力逐漸減少。衣服、水果、香水、鈸和鏡等物品是五種感官對境，代表五種令人分心散亂的感官欲樂。在道路的終點，純淨的白象代表心已全然調伏，達到心一境性的禪定。飛翔的僧人象徵身體的大樂，騎乘大象則象徵內心的大樂。一邊騎乘著大象跨越彩虹，一邊揮舞著圓滿勝觀之劍，如此證得了清晰了知與正念之焰，代表藉由止觀雙運而拔除輪迴之根，因而現證空性。

6

第二法：願法向道

岡波巴第一法討論了修習佛法的必要性。這一章，將討論發心的必要性——發心能夠帶來道上的究竟證果，也就是證悟。

所謂的發心有兩種：一種是爲己尋求快樂，這稱爲**基乘**（小乘）的發心；另一種是爲了一切眾生尋求快樂，如同虛空一樣廣大，這是非常清淨且殊勝的大乘發心。

基乘的發心是一種良善的發心，由於聚焦於個人的福祉，因此屬於較爲狹隘的發心，而且最終必須捨棄，進而採用大乘與金剛乘的發心。行者需要有這種成就遍滿虛空有情眾生之福祉與快樂的動機。由於人人都希求離苦得樂，了解到這一點，就會發願要無一例外地成就所有眾生的福祉。

這兩種發心都被稱爲「生起心」或「發起心」，兩者都是能使心趨向於法的方式。然而，若是不具大乘的發心，便無法達到全然的證悟[1]，以及圓滿所有他人福祉的超凡成就——儘管行者仍可證得不錯的成就。因此，大乘的發心被稱爲「趨入無上證悟的發心」。

要具備這種態度，就必須皈依佛、法、僧。行者認知到佛陀是證悟之道的上師，確定佛陀是自己的老師，並且宣示：「我要跟隨佛陀所給予的法教。」接著需要辨知哪些是佛陀的教法與修道。這是皈依之始，也是開展大乘發心的基礎。

要生起大乘的發心，便需讓心安住、放鬆、平靜、調伏且訓練有素，而運用各類的修心法教體系都能達到這個目的。有的體系會先修皈依，然後生起菩提心，再做基礎的前行修持；完成前行之後，則進行奢摩他禪修，使心安住於放鬆、平靜與清明的狀態之中。另一種爲金剛界（Vajradhatu）佛學會的修持方式，由成立者邱陽·創巴仁波切所教導。邱陽·創巴仁波切一開始先教導寂止的禪修（奢摩他），讓心平靜、放鬆，並成爲受皈依戒與生起大乘願心的基礎，之後再開始修持前行。在我個人看來，這是一種相當有益

①「證悟」這個字，和動詞「成就」，在一些佛教經論中會用來描述於見道以上的登地菩薩之各種果位和道次第。因此，對於佛陀的證悟、究竟的了證，所用的術語為無上證悟或圓滿證悟。

且別具意義的方式，特別有助於身處已開發國家中生活忙碌且充滿憂慮的人們。在已開發國家裡，我們可以先修持讓心平靜的方法。

奢摩他禪修的九個階段（九住心）

有九種可以讓心安住的方法，其各自伴隨著不同的對治，能讓心的狀態平靜、放鬆、清明且安寧。第一種稱為「內住」（把心安頓），是行者趨入禪修的方式。行者不需要費力，只需單純地讓心放鬆。不管出現什麼，都沒關係；不管行者的心放鬆的時間是長或短，不管心是穩定或不穩定，都沒關係。在這個階段，行者要試著去感受自心的安頓，同時不要產生太多的念頭。

當行者的心可以處於放鬆的狀態，短時間內沒有什麼念頭時，就進入了第二階段「續住」（持續把心安頓）。基本上，這個階段，可以讓心稍微持久地處於放鬆狀態。

在第一階段，散亂多於正念。到了第二階段，行者在心出現散亂而開始遊走的時候要稍作平衡，不可讓心散亂太久，並且要生起正念，讓心變得更加清明，而可以持續地修持。

在第二階段，當念頭或散亂心生起的時候，行者仍然會有短暫的妄念。到了第三階段，當念頭生起時，行者可以認出它就是念頭，並再度返回單純讓心安頓的放鬆狀態，此階段稱為「安住」（再次安頓）。行者試著修持奢摩他禪修，讓心停留在平靜的狀態裡，並且認知到自己的確有著念頭。然而〔在這個階段就算有此認知〕，念頭還是會一再生起時，這往往會令行者感到沮喪；有時行者會談到：「當我試著禪修時，總是思緒紛飛。」不過，我們其實沒有理由沮喪，因為這就是我們的心的樣貌。未經調伏的念頭很自然會一再迸發，這正是我們為什麼需要禪修的原因。過去〔在還沒有開始禪修時〕，念頭也曾持續不斷地生起，只不過我們毫未覺察，因為那時候既無正念、亦無禪修。但是現在，藉由禪修，我們培養出覺察念頭的能力，而這是個好的特質。

許多禪修的指導手冊都論及念頭叢生的問題。據說，當行者在禪修上開始有少許進步時，都會覺得自己的修持必然更糟了。行者會尋思：「之前，我在練習禪修的時候，並沒有那麼多的念頭產生；可是現在做禪修時，出現的念頭卻比過去還多。」關於這一點，書上總是告訴我們情況並非如此。這是因爲，禪修者在之前即使念頭馳騁、分心散亂，但從未能認出它們，也從未覺察到它們；經過一段時間的修持之後，我們已能夠認出念頭爲念頭。據說，對於念頭的生起感到不悅，是行者的心開始能夠稍稍安住的徵象。

之後，當我們能夠覺察念頭的出現時，通常會生起一種執著而開始尋思：「這些念頭很好、很重要！」然後就開始想著它們，試圖擁有它們。爲了避免被念頭所迷惑，要開始應用對治。舉例來說，如果我們構思著許多禪修結束之後所要執行的計畫，就可以很堅定地對自己說：「對，我有各種需要著手的計畫，但我可以晚點再做。現在，我應該要禪修。」

有個傳統上經常用來說明的例子，就是：當一隻豬闖入花園，開始大嚼花朵和蔬菜時，園丁就應該拿出木棍狠狠地敲打豬的鼻子，這時豬就會落荒而逃；可是如果園丁非常溫和、好言相勸，只是輕輕拍打這隻不速之客，那這隻豬很快地就會把所有的花朵和蔬菜全部破壞殆盡。念頭也是一樣。如果在念頭生起時，我們想著：「噢，這非常重要，我必須要加以思惟」，而非立即斬斷思維的話，我們就會迷失在念頭之中。對於這些念頭若不當機立斷，稍後就會難以擺脫它們。

第四階段稱為「近住」。行者在這個階段所做的禪修，能夠在念頭一生起時就立刻把它們放在一邊，不予理會。但是這需要一些強制而為的戒律，藉由正念和覺知的技巧來行持。在這個時候，正念基本上就是記得你正在禪修；「覺知」就是看著內心，看著在禪修中究竟發生了什麼事情？有了正念和覺知，就可以達到讓心安住的第四階段。

寂天菩薩在《入菩薩行論》之中提及第四階段。他說：所有的念頭就像是小偷一樣。如果當有人想行竊，他們會先偵查你的房子，窺看有無聰明強壯的保全，一旦發現有這樣的守衛存在，就會另覓他處；反之，如果守衛膽小懦弱又不強壯，他們就會想辦法擊敗守衛，潛入你的房子，捲走你的財產。同理，正念和覺知，就是你禪修時的守衛。當他們不夠強壯時，念頭就會潛入，並將你挾持而去；反之，如果正念和禪修十分的堅固，念頭便無法潛入，更無法主宰我們。在這個特別的譬喻之中，寂天指出：我們的心就像是銀行的門口，銀行中藏有珍寶。如果銀行的保全既強壯又警覺，還配備著槍枝，竊賊就會離去，並咕噥道：「計謀無法得逞，我們進不去了。」同樣地，覺知和正念守護著我們這個心的寶藏，也就是我們於修持中所累積的善德和福德。有了相當堅固的正念和覺知，令人分心的煩惱便無從潛入而大肆破壞，甚至盜走積聚的福德、危害我們的禪修。

第五階段稱為「調順」（調伏、柔順）。到了這個階段，行者已經進行一段時間的禪修，心感疲倦且十分難以修持。此時，行者不想再進行任何修持，心變得厚重，失去了自由活力或獨立自主。在這種時刻，便應該憶念禪修的目的所在與美好功德。行者需要自我策勵，思及禪修的目的，想道：「如果我能修持成功，超越這個障礙，就能夠達到身與心的眞實快樂，獲致修持的正果；但如果我持續讓自己的心處在這種厚重的狀態中，根本不會有任何成就。」如此，就能夠開開心心地繼續修持，並生起喜悅的感覺。

再來就是第六階段，稱爲「寂靜」（平息）。此時，行者開始更近距離地檢視那些擾亂禪修的念頭，而非僅止於注意到：「噢，這是念頭。」行者會開始仔細地檢視它們，說道：「嗯，今天的禪修並不好。這是什麼念頭？這是貪執、瞋怒、懷疑、還是沮喪？現在到底是怎麼回事？」

藉由認出貪執、瞋怒、懷疑等等，行者便可以進行處理：如果該念頭屬於執著或貪欲，便做如此憶念：執著的本身並沒有任何實質的利益。透過了知到追求貪欲的永無休止，以及如此將只會創造更多的貪念，因而了解到執著的徒勞無益，這就是棄絕執著煩惱的關鍵。

關於瞋恨或憤怒，行者則要了知瞋恨的一無是處，只會對自己和他人造成傷害。行者也要領悟：放棄瞋恨，利人又利己。這就是超越瞋恨的關鍵。

若要對治懷疑，行者則要了知，如果禪修時被懷疑所俘虜，則思惟愈多的懷疑，情況就會愈糟。因此，在禪修時，耽溺於懷疑對事情並沒有幫助，對禪修也沒有利益。懷疑無法解決問題，只會產生更多的問題，故而是錯誤的方式。仔細地檢視事物並跨越之、超越之，這才是平息自心的方法。

講到這裡，我們已經屏除禪修過程中所產生的粗重問題，但是我們還需要討論更難處理的細微障礙，而它們在禪修過程之中一直都在。這次，我們要開始集中對治那些細微的障礙。

細微的障礙，其一被稱爲「昏沉」或「心的鈍重」，其二被稱爲「掉舉」或「心的狂野」。掉舉單純指的是：心無法安頓於寂靜的狀態中。行者可能會想著自己喜歡玩樂的一些遊戲、喜愛造訪的一些場所……，不管其內容是什麼，行者的心開始集中在那些東西上面，而無法讓心進到更爲平靜、放鬆的狀態，這是因爲心已有所執著。另一個問題是心的昏沉或晦暗，心開始下沉，變得非常地不清明、無活力。

爲了克服這一點，首先必須要如實地認出它們。基本上，掉舉在當我們感到興奮、或者深受念頭所吸引時所產生的，而這就表示此時必須平息自己的心。

有好幾種方法可以對治掉舉，比如，憶念行者的修持動機，或者從事特定的行爲，或者在禪修時觀想特定的對境。舉例來說，可用改變發心來對治掉舉。行者可以思惟無常或輪迴過患，以及無法禪修的過失……，這都會讓掉舉的程度減弱。爲了在行爲上對治掉舉，可以調暗房間的照明（如果房間非常明亮的話），讓房間的光線看來更像在洞穴，這會讓心放鬆；也可以讓禪修的地方暖和一點，讓身體放鬆，釋放心的緊張和壓力。若要以觀想對治掉舉，行者可以觀想一朵中央四瓣的黑色蓮花，且花尖稍稍向下，觀想黑色明點（梵文 bindu）從花朵上滑下。這個觀想可以減低心的狂野和緊張。

至於克服昏沉，或者心的厚重和遲鈍狀態，則有三種處理的方式：就改變發心而言，行者必須讓自己開始感到高興、愉快。傳統上會推薦的方法是憶念佛或法的殊勝功德，思惟這些事情能讓自心開始感到愉快；就行爲而言，可以調整姿勢，讓身體非常確實地筆直坐著，或是將房間調整得涼爽、明亮一些，如此也可以對治昏沉；就觀想而言，行者可以觀想完整的白瓣蓮花，中心有著白色明點，且明點在體內緩慢地上升，朝向頂輪的梵穴而去，最後停在那裡。

讓心安住的第七階段稱爲「最極寂靜」（徹底平息），是第六階段「寂靜」的延續。就像先前一樣，行者基本上是要克服昏沉和掉舉的障礙，並以相同的方法加以對治。

第八個讓心安住的階段稱爲「專注一趣」（一心一意）。此時，行者爲了克服所有的障礙，需要運用各種不同的對治方法。在稍前的階段，行者基本上是要讓心安住於禪修之中，以對治較爲細微的昏沉與掉舉；到了第八階段，禪修者則需要檢視內心的狀況，並修持適當的對治。

第九階段稱爲「等持」（平等安住），到了這個階段就毋需再費力修持；反之，要放下先前所使用的各種技巧，只讓心處於輕鬆和清明的狀態，這稱爲「輕安」的狀態，也就是藏文中的 shin jong（讀作「欣江」）。此時，行者對於心有某種程度的掌握，能讓自己時時刻刻處於禪修的狀態。

7
第三法：願道斷惑

岡波巴的第二法是關於發心，以及在佛法修道上持續進展的基礎。我們所說的道究竟是什麼呢？在輪迴之中，我們會經歷到各種障礙、痛苦與折磨，而這些痛苦和折磨是什麼呢？它們便是迷惑、錯亂，且其自性無法安立；既然並非本自存在，就可以被捨棄。因此岡波巴的第三法就是「願道斷惑」，這是關於行者如何得以棄絕迷惑錯亂的教授。

我們身處輪迴之中，有著對於身、語、意的種種體驗；而會經歷輪迴的是身和心，而不是語。我們在身體方面有各種的經驗，心則經歷了不快樂與煩擾；因此，若想擁有眞實的快樂和舒適，就必須清除痛苦與不快樂，使之不再生起。

身和心兩者之中，是以心為主宰。事物有賴於心而存在。心理上，我們經歷了各種干擾、障礙、折磨和困難。但這些折磨和困難究竟是從哪裡來的？從佛法的觀點來看，我們所受到的折磨乃源自於貪、瞋、癡。就世間法而言，貪欲基本上指的是，我們希望時時順遂、事事如意。心的特性則是，當我們得到了某個想要的東西時，接著又會生起第二個希望，想要其他的東西；漸漸地，我們的希望不斷擴張，直到愈來愈大、無有終盡；最後，甚至欲求某些我們得不到的東西。到了那時，就會遇到痛苦的感受。

就如貪欲，基本上和希望關連，而憤怒或瞋恨則和懷疑相關，特別是和恐懼或偏執有關。由於我們的智識尚不強大，對於其他人的狀況並無眞正的了解，於是就出現各種懷疑的念頭，譬如：認爲某人不喜歡我們，懷疑對方想讓我們出醜或傷害我們，其後更以憤怒來回應對方。如此一來，反而使自己經驗到更多心理上的折磨。

在這個背景脈絡下，無明基本上是指遮蔽、蓋障。無明有兩種主要的型態：「夾雜煩惱的」（mixed）和「不夾雜煩惱的」（unmixed）。當我們說「混合的」，是指和貪欲、瞋恨相混，我們心中生起的貪欲，會和無明相混；我們心中生起的瞋恨，也會和無明相混。帶著貪欲，我們的希望就會經常被無明所障蔽，我們不知道可否心想事成，也不明瞭心想事成是否對我們有益。由於自己無法洞見全局而陷入綺思幻想，便開始希求一些不可能實現或對自己無益的事情。如此，我們的希望變成了虛妄。

當無明和憤怒相混的時候，我們對他人產生了懷疑或害怕，由於不了解實況，以致誤解了情況，其後便產生出各種想法，進而對其他人做出了錯誤的反應，釋出更多敵意，造成相互之間以牙還牙。雖然這樣的瞋恨並沒有眞實的基礎，但人們還是會漸漸地遷怒於彼此。因此，結果就是：你看到瞋恨和無明相混，並且帶來許多磨難。

第二種無明，是沒有和貪欲或瞋恨相連的無明，只是純粹的無明。這也有兩種：對事物的狀況沒有了知，或是錯誤認知。第一種，是不明瞭情況，也不想找到眞相，就只是不感興趣；第二種，是誤解情況，帶有錯誤的信念，因而是非不分，甚至顛到是非。

再者，純粹就我們內心所經歷的痛苦而言，也有兩種懷疑的痛苦：向上的懷疑和向下的懷疑。向上的懷疑意味著思索「可能是這個方向，也可能是那個方向」，但是持有這種懷疑的人，會傾向於正確的方式，因此懷疑會慢慢地清除，進而能夠生起正確的見地。另一種懷疑則是想著「或許是像這樣，或許是像那樣」，由於傾向以不實的方式來看待事物，結果逐漸導致錯誤的見解愈加堅固。

這些不同的因素會攪擾我們的心，但重要的是要了解：是我們爲自己創造了所有的障礙。其實，沒有其他人意圖障礙我們，障礙也非從其他的地方而來。未能覺察到這一點而誤入歧途，使得我們快快不樂，狂亂馳行。因此，要點乃在於認識到：「障難並非來自於外；這一切皆是咎由自取。」

所有這些痛苦是從哪裡來的？基本上，是從貪欲、瞋恨、愚癡而來。貪、瞋、癡又是從哪裡來的？它們的根源是「自我」的概念。我們首先想著「我」，然後想著「我需要好的東西」，接著便開始希求可欲之物，排斥不欲之物。所以，如果想要擺脫痛苦，所需要做的就是去除「自我」或「我」的觀念。

我們可說是非常有幸，因爲擺脫「我」的觀念是有可能做到的。爲何這個觀念可被清除呢？因爲被視爲自我或「我」的對境並不存在；也就是說，沒有自我，它只是一個令人困惑的觀念而已。一旦我們了解到並無自我，自我的概念就會自然地轉化。

佛陀教授了許多方法來清除輪迴中的痛苦①。在基乘的背景脈絡中，佛陀教導我們：一切所經歷的痛苦都根源於煩惱，這在梵文稱爲kleshas，而這些情緒又奠基在「自我」的概念之上。要是了解到自我並不存在，就可能從痛苦中解脫。

當我們首次聽到「無我」的教授時，有可能會把此看成是意指心之不存在，以爲我們就只是屍體而已。然而，這並不是佛陀所教的內涵。「自我」的概念有兩個面向：首先，認爲某某是自我；第二，認爲某些東西屬於我的，是「我所擁有的」。如果反過來解釋可能會比較容易些：大多時候當我們談及「我所擁有」的東西時，通常是指我們的房子、衣服、薪水等等。但是這些參考點可能人人不同，有的人可能用來指稱非常巨大的事物，如「我的國家」；有的人則可能用來指稱非常微小的東西，如「我的腳趾」。在概念上，「我的」並沒有一個確定的度量衡標準。

認爲某些事物是屬於「我的」，這個概念很容易導致痛苦。舉例來說，當你光顧一間鐘錶行，看到有人不慎把錶掉到地上摔壞了，你會心想：「噢，錶掉到地上了。」你不會感到心疼。可是，換成是自己的手錶掉到地上，你就會悲嘆：「噢，我的錶摔壞了！」然後變得非常不開心。這個「我所擁有的」概念導致了痛苦。然而，如果你檢視「這個東西是屬於誰」的觀念，試著去發現是否此樣物品眞的屬於某人所擁有，我們根本無法眞的

①佛陀的教導分為三個重要階段，稱為三法輪或三轉法輪。初轉法輪包含了所有傳承的共同基礎，也就是四聖諦、八正道、無我與無常，目標為離苦（從痛苦中解脫）。二轉法輪延伸了第一轉的教授，其教導的內涵為所有現象的空性與周遍的悲心，證果則為佛性。三轉法輪則對於佛性和其俱生功德加以闡述。若想探究三轉法輪的細節，可參見創古仁波切的《三乘佛法心要》（*The Three Vehicles of Buddhist Practice*）（繁體中文版由創古文化出版社發行）。

找到什麼。我們可能會問：「這個『我所擁有的』、『屬於我』的東西在哪兒？」它並不在事物以外，也不在事物以內，亦非介於事物的內、外之間。錶店裡面的破碎手錶，與你曾經戴在腕上而後來破碎的手錶，並沒有什麼眞正的不同——它們都是手錶。只不過其中一個具有「我所擁有」的概念，而這就是導致痛苦的來源。

第二種自我的概念，是執持某某爲自我。當思及「我」的時候，我們傾向於認爲剛出生的「我」、青春期的「我」、老年期的「我」，全都是同一個人。但事實上並非如此。佛陀以**五蘊**（梵文 skandhas）來解釋這一點：並沒有構成我的眞實本質。五蘊是色、受、想、行、識；但是五蘊之中，並沒有任何一者和我們所想像的「我」是吻合的[2]。

五蘊是一種談論過去、現在和未來的方式。許多人認爲當佛陀教導無我的法教時，該法教和前世、來生的觀念是有所牴觸的。他們認爲：如果沒有自我，也就沒有前世，更不用說來生。事實上，無我的教導和轉世的教導並不違背。因爲，並沒有一個從過去以來、直到現在、跨越未來而都不變的自我。

以人的一生來說，嬰幼兒、青少年和成年人之間已有很大的不同，但是我們傾向於認爲他們是同一人。當你五歲的時候，形體還小，等到你廿五歲時，已不可同日而語；儘管形體大大不同，然而你依然認爲「這就是我」。舉例來說，當你還是個嬰兒時，甚至不會發聲喊出爸爸或媽媽，但是你逐漸學習了這些字詞，再加上千百個其他的字詞。年輕人和成年人的經驗也有很大的不同。年幼的孩子對於黃金和鑽石可能不感興趣，小小的塑膠玩具對他們而言還比較有趣；對他們來說，那個塑膠玩具既漂亮又重要。當他們逐漸長大，可能就不再對塑膠製品感到興趣，取而代之的，黃金和鑽石更能吸

②五蘊是感知過程的五個步驟，首先是色（形式），由感官所覺察，一直到最後為識，感官對境被認出並與先前經驗相連。在創古仁波切《打開空性之門》（*Open Door to Emptiness*）一書中，有相當仔細的邏輯推論，說明我們所認為的「我」，其實是一系列不相關的念頭和感覺，並沒有可稱為自我的統一實體。

引他們、讓他們重視。所以，儘管在人生的不同時期，觀念與思維都截然不同，可是我們仍然堅信在不同的人生階段，心都是相同的。

有幸的是，自我並不存在；而其之所以有幸，乃在於我們透過對於「無我」的了解而對此進行禪修時，道途的本身便能清除迷惑。

在大乘之中，有兩種討論無我見地的方式。一是**唯識學派**，一是**中觀學派**。

唯識學派認爲沒有眞實存在的自我，外在現象也非眞實存在；各種對境在心裡以及對心顯現，但是並不存在於心之外。舉例來說，當我們作夢時，所有的事物都顯現在我們心裡，像山岳、房舍、動物等等；但是，如果我們自問：「這些山岳、房舍等是眞實的嗎？」答案十分清楚：「它們只是自心的顯現而已。」所以，事物並不眞實存在，這可以藉由不實存的夢中現象來解釋。

中觀學派則關注於空性的探究。至此，我們已經討論到：看似如外在現象的顯現，其實只是我們自心的顯現。中觀學派相信心並非本自存在，不是依其自性而存在。這是否意味著心根本什麼都沒有嗎？答案並非如此。因爲每個東西都必須要以**相對實相**（世俗諦）和**究竟實相**（勝義諦）來看待。如果我們檢視現象，就會發現那並不是究竟眞實的。但是，在實相的相對層次上，事物的確有所顯現。因此，我們可以藉由相對實相和究竟實相，來談論空性與緣起的合一③。

回到夢的例子。如果我們夢到一頭大象，那眞的是大象嗎？不，那不是眞的大象，在眞實或究竟層次的實相上，皆是心的顯現。然而，如果說沒有夢到大象，卻也不然。換句話說，在相對或世俗層次的實相上，的確是有大象。再換句話說，以究竟實相而言，事物並沒有自己的本質，但此空性並不排斥其在世俗方面的顯現。只不過這些世俗的顯現，並不能以本質來安立。它們並非以自己的本性而成立。

③緣起指的是所有顯相的生起方式。所有的顯相和現象並沒有真實獨立的自性，被認為是空性，但由於各種因、果，事物依然生起。

問題與討論

【問題】對我們來說，很難想像這種毫無害怕、毫無恐懼的行持方式。當我們試著在世間如此行持，由於大多數的人們對佛法並不感興趣，要是我們這麼做，人們會認為我們瘋了。

【仁波切】看起來，正是我們自己的希求和恐懼把別人推開了。當我們希求某種事物時，看到的往往是別人具有很多的貪欲；當我們心懷恐懼時，只要他人稍微以疑惑的目光看著我們，我們就會認爲這目光是冷酷無情、極端嚴厲的。所以，還是要回到自身來處理：我們一直在放大心裡的希求和恐懼，這時所需要只是放鬆。如果我們可以減輕這些感受，那麼我們在世間所企圖完成的事情，或許可以進行得更好。

【問題】在處理世界上層次比較粗重的事件，比如戰爭、犯罪和貧窮時，要如何來解釋所有的麻煩都是我們自己帶來的？我們的心如何與這樣的情境有關？

【仁波切】目前世界上的確有很多折磨和艱難，比如戰爭和犯罪行爲等等。若要回答這個問題，不妨回頭想想：我們到底有多希望事情可以改善？舉例來說，如果我們看到戰爭時，可能想著：「希望戰爭不要降臨此處。」所以，實際上能做的就是，合理評估如何幫助這個世界。如果我們可以幫助一百個人，我們就幫助一百個人；如果我們可以幫助一千個人，就幫助一千個人，但不應該高估自己的能力。如果對於爲此世界貢獻己能的希望可以符合現實，而非不切實際，就應該會有所幫助。

8

第四法：
顧惑顯智

岡波巴第三法的要點是無我與空性。無論如何，第三法所教授的無我與空性並非可自然得知，而是經由修持禪修所來。空性也不是虛無，它具有智，而智則有三個面向：慧識、仁慈，以及廣大潛能。

無論人們是否開顯了智，所有現象的眞實本性依然相同，並不會因此改變。然而，人們對於法界的境地則有不同的了證。獲得圓滿證悟的佛陀，智慧已全然開顯；吾等凡夫，智慧則受到遮蔽、蓋障或染污。因此，當我們談及自己的內在之智時，我們稱之爲佛性（如來藏），它在梵文中的意思是「善逝者的本質」。

當我們談到佛性，會談到智和空的合一。爲了要解釋的更爲精確，「智」在梵文中是jnana，在藏文中是yeshe。「空」或「空間」（虛空、界）這個字在梵文中是dhatu，在藏文中是ying。這個空間並不是一般的空間，而是法界，證悟者於法界中會生起種種的功德。在此場域中，凡夫的念頭、垢染等等皆已去除。我們所談論的「智」，應該被理解爲全然不變、不增不減、無有變異，而不像知識或慧識（prajna，般若）那般，會因爲經驗而有所增減。它和此處所提到的「空」是無有差別的。既不是無障礙物而可使事物無礙通過的空間，也不是一片空白的虛無，而是能生起功德、增益功德的基礎。

一切有情眾生都具有佛性，那是空與智的雙運合一。但是，由於惱人情緒的障蔽，目前仍無法加以顯現。儘管如此，佛性的確就在我們心中，這在《寶性論》①裡有特別的著墨，文中提到了九個譬喻，其中以三個爲主要例子。

佛性以完全圓滿的形式存於我們之中，只不過被覆藏起來。舉個例子，如果在蓮花當中有一尊小佛像，而蓮花是緊閉的，旁人便無法看到花朵中佛陀的圓滿身相。如果有人知道花朵之中有個佛像，就可以撥開花瓣，看到

①有關佛性的論著，由彌勒菩薩傳予無著菩薩。對於《寶性論》的詳細釋論可參見創古仁波切的《佛性：究竟一乘寶性論十講》（*The Uttaratanatra*）（繁體中文版已由創古文化出版社發行）。

佛像。同樣地，我們本來就具有如來藏（佛性），但大多數人並不了知這一點。佛陀了解到於受染污的心中有著如來藏，因而教導了去除遮蔽佛性之染的方法。若能去除這些染污，佛性便可以完全展現。

上述的譬喻曾由佛陀親自教授，《寶性論》則再次教授了這個譬喻。講述這個特定譬喻的原因，是因爲煩惱暫時上來說是相當吸引人的，但是它們並不以此留駐。同樣地，蓮花在短時間內開得非常漂亮，但人們無法持續地欣賞蓮花而尋得快樂，因爲蓮花總是會凋萎，這就是爲什麼佛陀要使用這個特定譬喻的理由。此外，其中也講到了佛陀的身相，這是因爲世俗的事物無法指稱佛陀的智慧，所以便以佛陀的象徵來指稱佛陀。

第二個譬喻則將佛性比擬爲受蜜蜂所保護的蜂蜜。先前，我們提到在貪欲之中有著佛性，現在我們則說在瞋恨之中也有佛性。然而，在尚未清除瞋恨的情緒遮障之前，我們無法發現空智的雙運合一，也就是其中的佛性。在這個例子中，甜美的蜂蜜被瞋恨的蜜蜂所保護，而即使它受到瞋恨的蜜蜂所守護，那些知道其中有蜂蜜的人，仍可以藉由驅趕蜂隻而得到蜂蜜。

以此譬喻來作教授的原因，是因爲蜜蜂可被比擬爲瞋恨，若能善巧地加以清除，就可以嚐到甜美的蜂蜜。同樣地，在清除了瞋恨之後，人們就可以體驗到平靜和快樂，最終達到佛陀的圓滿證悟。

第三個對於佛性的譬喻是和無明的煩惱有關。即使佛性就在無明之中，然而尚未得以開顯。藉由清除無明，其中的佛性就得以展現。

有個類似的譬喻，就是藏在稻殼之中的米粒。稻殼非常堅硬，如不加以去除，就無法攝取米粒中的養分；如果去除外殼，就可以食用米粒。同樣地，佛性隱藏在無明煩惱之中，一旦清除了無明，佛性就可以展現。

既然佛性尚未得以開顯，就需要透過對教法的聽聞、思惟、修持來使它展現。經由聽聞與思惟教法，能對教法生起確信，之後再藉由直接禪修而了證佛性；在直接了證佛性之後，便可以逐漸地讓佛性完全展現，亦即圓滿智慧與令人讚嘆的佛行事業。這就是爲什麼我們需要清除各種障蔽佛性之垢染的原因。

這三個譬喻的重點是：我們通常認爲煩惱和無明是於我們之內，而好的功德則於我們之外，而且這些新的、好的功德是需要去求得的。實際上並非如此。我們所經驗到的煩惱和染污，並非事物所具有的本質，它們像是在外在的；佛性才是內在的。就好比花瓣覆蓋佛像、蜜蜂阻止我們取得蜂蜜，或者稻殼阻礙我們食用米粒。佛性原本就於我們內在，而且完全成熟，問題是在於我們尚未能使佛性展現出來。因此，只需要讓佛性展現即可，這就是《寶性論》所指出的觀點。

至此，我們依據經乘的體系探討了修道，這是藉由論理來了解空性、無我等等的道途。在金剛乘的背景脈絡裡，論理雖然非常有用，但仍需要將這些觀念種植於心中。就金剛乘禪修而言，行者會直接觀看自心。在論理的經乘之道上，修持會耗費很久的時間；而在金剛乘之道上，由於直接觀看內心，花費的時間就短少許多。

即使我們對於心有所體驗，並試著探尋自心，卻依然徒勞無功。之所以無法發現它的原因在於：心並非本自存在，心是空的。但是，這並不意味著心是一無所有或一片虛空，因爲心的相續是毫不間斷的，心是持續的。心可以了知並且明照各種的現象。所以，我們才會說心是空而明、或是空而清。行者所需要做的，就是認出空明不二（空性與明性的雙運合一），並加以禪修。

當行者如此修持的時候，會生起各種短暫的覺受（藏文 nyam，禪修經驗）。這種禪修的經驗有三種：樂、明、無念，首先經驗到樂，然後經驗到明，最後經驗到無念。這些覺受會在禪修時自行浮現，沒有什麼特定好、壞之分，它們只是出現而已。行者應該要任由它去，放下而不執著。

舉例來說，當岡波巴接受密勒日巴的指導而進行修持時，曾請求授予口訣指示。如在第二章中所提到的，在領受上師指示並依此進行修持之後，他於禪修中生起各式各樣的覺受。岡波巴有時候親見勝樂金剛的壇城，有時候親見喜金剛的壇城；壇城時而爲白色的，時而爲紅色的。岡波巴想：「噢，這非常好，我的禪修境界現在的確很不錯。」然後他會面見密勒日巴，描述自己的經歷。密勒日巴則答道：「這些覺受沒有什麼特別，只是出現而已，它們無關好壞，只要繼續修持。」此外，岡波巴曾在修持的時候生起非常不好的體驗，例如全世界都變成一片黑暗，或是全世界都像在不斷旋轉。他認爲這是嚴重的問題，可能是邪靈的干擾，並就這些情形請教密勒日巴時，密勒日巴只是輕描淡寫地說：「這沒什麼，一點都不重要。」

且讓我用一般的例子來描述這些暫時的經驗：如果你用手指壓住眼睛之後再來凝視夜空，別人所見的都是一顆月亮，你則可能看到兩顆。你可能會認爲：「人人都看到一顆月亮，但我看到兩顆，我眞是奇妙的人啊！」但事實並非如此。你可能也會想：「大家看到的月亮都是一顆，我卻看到了兩顆，這可眞糟糕，我的麻煩大了。」然而，你之所以看到兩顆月亮，只是因爲你用手指壓住眼球。看到兩顆月亮，並沒有特別好或不好的意義；這就好比在禪修的時候會生起各種的經驗，根本沒有什麼好說的。

但是，有一種過患，在修持禪修的時候應該要特別注意，因爲它非常可怕。當行者開始對空性有些了解之後，或許會想：「噢，所有事物都是空性，沒有任何事物是眞的。所以行善或造惡都沒有關係，行爲和因果之間的關係，那些業報之後才會遭遇，因此可以置之不理；反正從究竟上來說，一切都是空的。」其實並非如此。如果你這樣想，很容易就會放棄原本良好的修持，如此一來，各種不善與惡行也會開始增加。這是我們必須特別注意的事情。

在岡波巴第四法中提到「願惑顯智」。迷惑指的是各種煩惱的染污。這些染污或煩惱都是偶發的，因爲它們並非事物的俱生自性。它們只是出現，只要認出它們的本貌即可。若能如此，智慧就能從中生起。這是因爲我們剛剛一直在談論的智慧於各個眾生之中本自具足、本初即在，一旦屏除了煩惱，就會全然顯現。

這就是岡波巴第四法「將迷惑轉化爲智慧」的內涵。

問題與討論

【問題】若是沒有自我，那是什麼東西在轉世？如果轉世的不是我，那又何必在意？

【仁波切】我們曾經談到五蘊。第一個蘊就是色蘊（形狀）。從你的頭頂到腳底皆屬於色蘊，而色蘊時時都在變化；例如有小孩子的形狀、青少年的形狀、老年人的形狀，每個階段各各不同。第二個蘊是受蘊（感覺）。我們以身和心來經驗感覺；而感覺有三種：令人愉快的、令人痛苦的，以及不苦不樂的。第三個蘊是想蘊，指的是決定事物的各種細節，比如知道某些時刻東西看起來是白色的，其他時刻卻是紅色的。第四個蘊是行蘊，指的是我們所具的各種念頭，好的念頭如慈悲和信心，不好的念頭如貪、瞋、癡。第五個蘊是識蘊，指的是六種心識：眼、耳、鼻、舌、身的五根識，以及意識。每一種蘊都是一個聚集，而你又把它們全部聚集在一起。你也有著過去、現在、未來的蘊。我們把這些全都和在一起，還認爲那是一個整體，並稱之爲「我」。

想像你在嬰兒的狀態，然後青年，然後成年。在青少年的時候，屬於嬰兒的蘊就停止了；當你作爲青少年的蘊停止後，你就是成人了。所以並非此（這一個）即是彼（那一個），它們其實彼此不同。事實上，它們應被視爲不同的個體，只不過我們傾向於認爲它們是一個。在各式各樣的感覺出現時，我們會想著：「我那時曾有某某感受」，甚至還對久遠以前的感覺做出反應，認爲：「我那時曾有某某感受」或「我還是有某某感受」。

我們談到這個從此生到彼世的聚集體，但其實是：此生的五蘊作爲來世的五蘊之生起基礎，而不是眞的有什麼東西從此生過渡到來世。我們並不需要跨越生生世世，才能了解這一點、看到這一點。只要看看嬰兒的蘊如何成爲青少年的蘊之基礎，青少年的蘊如何成爲成年人的蘊之基礎，就可以了。沒有什麼東西眞的從嬰兒持續到青少年，再從青少年持續到成年；也沒有什麼東西眞的能由此物跨越到彼物。

【問題】我們會造作各種善行和不善行，因而累積了業。這些累積的業，是什麼東西把它們從過去帶到現在，或者從這一生帶到下一生？

【仁波切】我們的確累積了業，它們會在心中形成潛伏因素或先天傾向，並以此狀態被承載而存在於各種蘊的相續之中。當它們遇到對應的緣，就會成熟、結果，好比先種樹再收成。如果有人種下稻禾，配合好的條件，就會得到好的米穀；若是條件不佳，就有可能收成不佳。再來，還要看你種下了什麼種子，依此而得到相應的收成。如果種子的品質不錯，你所得到的米穀品質也會不錯；如果那些種子的品質不怎麼好，你所得到的米穀品質也不會好到哪去。同樣地，我們造作的行爲會在心中建立某種傾向。若有適當的條件會合，這些傾向就會被啓動、喚醒，我們因而遭遇到業果。

據說有兩種不同的果報：第一種（等流果）是在此生就會增強的傾向，並且將會帶到下一生去。比如這輩子對某個東西有強烈執著，下輩子還是會非常喜歡。第二種（異熟果）則是此生的某些行爲，其結果到之後的生世才成熟。舉例來說，某個人可能因爲憤怒而在某一生傷害了很多人；他在爾後的投生中，由於曾經傷害很多人，便可能要受很多苦。這些許多不同的行爲和建立的傾向，都被承載在心相續之中。

有個不怎麼對應、但還可以說明的譬喻，就是蘇聯的車諾比核爆。當各種的有毒物質進入了大氣，風便把污染物帶往其他的地方，比如瑞士。污染物落在地面，逐漸危害到地表；當地表遭到毒害，草和樹也累積了毒素，牛吃了有毒的草，人吃了牛，就中毒了。所以，從一個特定地點開始逐漸蔓延開來的有毒物質，到後來變成了無所不在。行爲也是一樣。當某個人積聚了惡業，惡業將完好無損地停留在心相續之中，並不會自行分解。它們留在那裡可能長達好幾生世，當遇見適合的時機，就會逐漸延展開來，並毒染所有的東西。

【問題】即使人人都具有佛性，卻因為過去積累了很多惡業，有可能就算現在很想修持，仍無法在道上前進嗎？

【仁波切】在道上前進，並不是自動自發、自行出現的事。那是不可能的。在修道時，我們會經歷各種負面的行爲和障礙，就像是想要取蜜卻遇到蜂群，或者想得米粒必先除去稻殼一樣。但是，要趕走蜜蜂或碾除稻殼都是可行的，只要我們肯去努力，惡行和罪障都是可以淨除的。

這裡有個經典的例子。龍樹菩薩於某句偈誦中說：「在無雲的天空中，出現了清明美麗的月亮。」有時候，我們無法直接見到月亮，但是當雲朵散去時，一輪極爲美麗且無垢染的月亮就會現身。同樣地，佛陀說過許多的故事，在那些故事中，許多人因爲所做的糟糕、可怕事情而受苦，或因爲熾烈的貪欲、瞋恨煩惱而受苦，前來求助於佛陀。在當事者因而踏入了佛門、修持了佛法之後，便得以在那一世裡自輪迴中解脫。

【問題】行者何以能擺脫包覆佛性的煩惱，而不會因此脫離了佛性？

【仁波切】佛性就是我們；我們的本身或自性就是佛性。各種煩惱則是外在的、外來的、表面的；正由於它們是表面的，所以能夠加以淨化或淨除。但是，淨除染污不代表要同時放棄佛性，這就像是雲朵和月亮一樣。當雲朵遮蔽了月亮，此時便看不到月亮；但是當雲朵散去，就可以直接清楚地看到美麗的月亮。清除雲朵並不等於要同時清除月亮；煩惱和佛性也是如此。

【附錄】

辭彙解釋

【二劃】

了義 Definitive meaning。佛陀的教授，宣示佛法的直接意義。並不因爲聽眾的根器而改變或簡化。相對於不了義（provisional meaning，或者方便權宜之說）。

二資糧 Two accumulations（藏文 shogs nyis）。積聚具有分別概念的福德資糧以及超越分別概念的智慧資糧。

八正道 Eight fold noble path。正見、正思惟、正語、正業、正命、正精進、正念、正定。

八識，八種心識 Consciousness, eight（梵文 vijñana，藏文 namshe tsog gye）。有五種感官的識（五根識）：眼識（看見）、耳識（聽到）、鼻識（嗅聞）、舌識（嚐味）、身識（觸碰、身體感覺）。第六識是心理上的意識，第七識是染污識（afflicted consciousness，末那識），第八識是基識（ground consciousness，含藏識或阿賴耶識）。

十不善業 Ten non-virtuous actions。殺生、偷盜、邪淫、妄語（說謊）、綺

語、兩舌、惡口、貪欲、瞋恚、愚癡（邪見）。不善的行爲會導致不悅意的業果。討論業的作用時，通常提及表列的十不善行。包括了身三業、語四業、意三業。與之相對，則有十善行。

【三劃】

三身 Kayas（藏文 ku sum）。佛有三身：法身（Dharmakaya）、報身（sambhogakaya）、化身（nirmanakaya）。法身又稱爲「實相身」，是完全的證悟或佛的完全智慧，超越形色的無生智慧，顯現於報身和化身。報身又稱爲「受用身」，只對菩薩顯現。化身又稱爲「化現身」，在世上顯現，以我們這個世界而言則示現爲釋迦牟尼佛。一般眾生可以看見的則是化身，例如歷史上的佛陀。但化身也可以是任何型態的眾生，或者是相對層次的顯相（relative appearance），爲的是要幫助一般眾生。第四身爲法界體性身，或說是自性身，其他三者的合一。

三昧耶，誓句 Samaya（藏文 dam sig）。在金剛乘中，行者對於上師或修持所發的誓戒。其中有很多的細節，不過精要而言則是：外在來說，要和金剛上師與修法友伴維持良好關係；內在來說，則不可偏離持續的修持。

三界 Three worlds / realms。輪迴的三個範疇。欲界包括因爲業力而再次投生的眾生，具有物質的身體，包括了初層的天道（欲界六天）一直到地獄道。色界是眾生由於其禪定力而投生的範疇，具有細微的形象之身，屬於禪定的天道（四層禪天）。無色界（無色四天）則是由於眾生的禪定（三摩地）而於前生死後進入禪定狀態，念頭與感知均已止息。

三苦 Three sufferings。包括苦苦（痛苦之苦）、壞苦（變異之苦）、行苦（輪迴各處的本自之苦）。

三乘 Three yanas / vehicles。包括基乘、大乘與金剛乘。

三根本 Three roots。上師、本尊和空行。上師是加持的根本；本尊是成就的根本；空行是事業的根本。

三摩地，定 Samadhi（藏文 tin ne zin）。一種無二元分別的禪修狀態。沒有自他之分，也被稱爲正定、等持、心一境性，屬於禪定的最高階段。

三寶 Three jewels（藏文 kön chok sum）。字面意義是「三種珍寶」，佛教的三個重要組成：佛陀、佛法、僧伽，分別為覺悟者、覺悟者所宣說的眞理，以及依循此眞理而生活的人。堅定信仰三寶是屬於「入流分」（入於法流的階段或「預流道」）。三寶是禮敬的對象，也被認為是「皈依處」。佛教徒念誦三皈依，而正式成為佛教徒。

上三道，善趣 Higher realms（藏文 tek pa chung wa）。投生為人、阿修羅、天。

上師，喇嘛 Guru（藏文 lama）。在西藏傳統中，指的是已然了證的老師。

上師瑜伽，上師相應法 Guru yoga（藏文 lamay naljor）。一種對於上師表達虔敬的修持，其最高層次為領受上師加持，並和上師的心相融。也指前行的第四種修持。

上座部佛教 Therevada（藏文 neten depa）。部派之一，有時也稱為小乘，是佛教的基礎，強調仔細檢視心和其迷惑。

下三道，惡趣 Lower realm。生為地獄、餓鬼和畜生道的眾生。

口耳傳承 Hearing lineage（藏文 nyan gyu）。教言指示的傳承，由上師口頭傳給弟子。因爲傳承只能藉由個人和上師的直接實際溝通而來，口耳傳承通常非常秘密。口耳傳承在噶舉傳承中相當重要。

大手印 Mahamudra（藏文 cha ja chen po）。字義上是指「大印」或「大象徵」，意指所有現象都以本初圓滿的眞實自性所封印。大手印的禪修形式可以上溯至西元十世紀的薩惹哈，經由馬爾巴傳給噶舉學派。這個禪修的傳承強調對於心的直接感知，而不是經由理性分析。這也指行者證得明空不二，並且感知到現象世界和空性乃無二時的覺受。大手印也可用來稱呼噶舉傳承。

大成就者 Mahasiddha（藏文 drup thop chen po）。具有很高證量的行者。瑪哈（Maha，舊譯「摩訶」）是「大」，悉達（siddha）指的是已然成就的行者。特指於西元八到十二世紀，居住在印度而修持續部法教的金剛乘行者。其中最著名成就者的部分生平，可見於《八十四大成就者》（*The Eighty-four Mahasiddhas*）一書。

大乘 Mahayana（藏文 tek pa chen po）。字面上的意義是「大的車乘」。是

佛陀二轉法輪時的教授，強調空性（參見辭彙 shunyata）、悲心與遍在的佛性。證悟的目的是要將一切有情眾生與自己從痛苦中解脫。這個傳統可以追溯到佛陀在王舍城或靈鷲山所給予的教授，但大乘哲理的學派則在佛陀入滅之後數百年才形成。

大學者 Mahapandita（藏文 pan di ta chen po）。瑪哈是「大」，班智達（pandita）指的是佛教學者。

大鵬金翅鳥 Garuda（藏文 khyung）。此鳥在孵化時便已完全長大。

【四劃】

中脈 Central channel（藏文 tsa uma）。人體內有三條主要的細脈：右脈、左脈、中脈。這些脈並不是解剖學上的脈，而是能量流動的細微管道。中脈大致上是沿著脊椎（或位於脊椎之中）。

中陰，中有，中蘊 Bardo（藏文）。此生結束至再次投生之間的中介階段。

中陰可分為六個不同的層次：生處中陰、睡夢中陰、禪定中陰、臨終中陰、法性中陰、受生中陰。

中觀學派 Madhyamaka（藏文 u ma）。印度佛教四大學派之中最具影響力的一個，由龍樹菩薩在西元二世紀所建立。其名稱來自梵文的「中道」，意指介於常見與斷見之間的中道。這個學派的主要假定是：所有現象，包括內在的心理事件和外在的物理對境，都沒有眞實的自性。它使用大量邏輯推理來建立現象的空性。不過，其仍主張在實相的世俗或相對層次而言，現象的確是存在的。

丹珠爾 Tenjur。對於《甘珠爾》（見201頁）的釋論。也包括禪修、醫療、科學和實修指導等方面的續典。

五方佛 Five Dhyani Buddhas。毘盧遮那佛、不動佛、寶生佛、阿彌陀佛，和不空成就佛。是五種元素（五大）和五種情緒（五毒）的清淨面向。

五智 Five wisdoms。法界體性智、大圓鏡智、平等性智、妙觀察智、成所作智。我們不宜將五智視爲五種分離的個體，而應該將其視爲證悟精要的五種作用。

五道 Five paths（藏文 lam nga）。依據佛經，修持有五個階段：資糧道、加行道、見道（證得菩薩初地）、修道、無學道（成佛）。這五道包含了從開始修行到完全證悟的全部過程。

五濁，五種衰敗 Five degenerations。⑴劫濁：指的是世界上的外在事件，比如戰爭和社會動盪惡化等等。⑵眾生濁：指的是眾生的心識流變得更爲粗重。⑶命濁：壽命變短。⑷煩惱濁：眾生的煩惱增加，導致心的不安定。⑸見濁：指的是人對實相的了解距離眞理愈來愈遠。基於這五濁的定義，我們現在處於末法時代。

五蘊 Five aggregates（梵文 skandha，藏文 phung po nga）。蘊的字面意思爲「堆聚」。在感知物體時，知覺有五種基本的轉化。首先是色（形式），包括所有的聲音、氣味等等，一切不是念頭的東西。第二（受）和第三（想）則是感受（悅意或不悅意等等）及其辨認。第四（行）是心理事件，它其實也包括了第二蘊與第三蘊。第五（識）是一般的心識，包括五根識和意識。

六道 Six realms（藏文 rikdruk）。六種類別的眾生，分別是：天、阿修羅、人、畜生、餓鬼和地獄。是輪迴眾生轉世的可能型態：天道之中的天神特性是驕傲；阿修羅道的特性是嫉妒，並試著保有自己的地位；人道是最好的一道，因爲有著證悟的可能性；畜生道的特性是愚癡；餓鬼道的特性是強烈的渴求；地獄道的特性是瞋恨。

六識 Consciousness, six。五根識與意識稱之。

化身 Nirmanakaya（藏文 tulku）。佛陀有三身，化身示現於世上，在我們這個世界上是示現爲釋迦牟尼佛（見三身）。

幻身 Illusory body（藏文 gyu lu）。將行者的細微身體能量，在圓滿次第轉化爲本尊的無死勝妙身。在幻身得到淨化時，即成爲佛陀的身相。是那洛六法之一（見那洛六法）。

心所 Mental factors（藏文 sem yung）。心所和心（mind）相對，是心更爲持久的傾向，包括十一善（如信、無貪、捨）、六根本煩惱（如貪、瞋、癡、慢）、二十隨煩惱（如忿、誑、害）等等。〔中譯註：依大乘佛教唯識派，共有五十一心所。」

手印 **Mudra**（藏文 chak gya）。在這本書中，指的是手印或手勢，在特定密乘儀式中所結的手印，則象徵行者在進行的某些修持。手印也可以指修道的明妃，或者本尊的體相。

文殊師利菩薩 Manjushri（意思是「妙吉祥」）。八大菩薩之一。是出世慧的化身。

方便道 Path of Means（藏文 thab lam）。指的是那洛六法，也指生起次第和有相圓滿次第。

月稱菩薩 Chandrakirti。西元七世紀印度中觀學派的佛教大師，因爲成立了中觀應成支派而聞名。著作包括以邏輯論理來討論空性的兩部論著。

比丘 Bhikshu（藏文 ge long）。指受具足戒（二百五十三條）的僧人。

世俗諦，相對眞理 Conventional truth（藏文 kunsop）。眞理有兩種：相對眞理、絕對眞理（究竟眞理）。相對眞理是一般（尚未證悟）的眾生因自身錯信有「我」與「他」的二元對立，由此投射而進一步形成看待世界的方式。

世間八法，八風 Eight worldly concerns（藏文 jik ten chö gysh）。阻礙人們步上正道的事物：對獲取的執著、對享樂的執著、對美譽的執著、對名聲的執著、對損失的迴避、對痛苦的迴避、對責罵的迴避、對惡名的迴避〔中譯註：中文用來背誦的方式爲：利、衰、毀、譽、稱、譏、苦、樂〕。

加持 Blessings（藏文 chin lap）。根本上師和傳承是加持的來源。當弟子以無保留的虔誠心開放自己，傳承的恩澤就顯現爲加持，融入弟子心中，使他們在更高層次的實相中覺醒。

【五劃】

四身 Four kayas。見「三身」（kayas）

四法印 Four seals。佛教的四個主要原則：諸行無常、有漏皆苦、諸法無我、涅槃寂靜。

四無量心 Four immeasurables。慈、悲、喜、捨。

四聖諦 Four noble truths（藏文 pak pay den pa shi）。佛陀首次的教授，是

在印度鹿野苑宣說的四聖諦：苦諦、集諦、滅諦、道諦。⑴苦：一切有因緣條件的生活都是苦。⑵集：所有的痛苦均由無明產生。⑶滅：痛苦可以止滅。⑷道：八正道可止息痛苦：正見、正思惟、正語、正業、正命、正精進、正念、正定。四聖諦是佛教的基礎，尤其以上座部佛教的修道來說更是如此。

四種灌頂 Four empowerments（藏文 wang shi）。寶瓶灌頂、秘密灌頂、智慧灌頂、句義灌頂。

本尊 Yidam（藏文）。Yi 指「心」，dam 指「清淨」。或者，yi 指「心」，dam 指「不可分離」。本尊代表著行者的覺醒本性或清淨顯相。續部本尊體現了佛果功德，而於金剛乘中加以修持。又稱爲守護行者的本尊。

本尊禪修 Yidam meditation。金剛乘中觀想本尊的禪修。

甘珠爾 Kanjur。佛陀直接教法的集成。〔中譯注：西藏的大藏經之一，意思是教敕譯典，與《丹珠爾》（論述譯典）相對。〕

甘露 Healing Nectar（梵文 Amrita，藏文 dut tsi）。受加持的物質，具有修

道與生理療效。

生起次第 Creation stage（梵文 utpattikrama，藏文 che rim）。在金剛乘之中，禪修有兩個次第：生起次第與圓滿次第。生起次第是一種密乘的禪修方法，包含觀想與思惟本尊，目的是爲了淨化習性（或業習）以及了悟所有現象的本來清淨。在生起次第的階段中，行者生起並且維持本尊觀想。

【六劃】

成佛，佛果 Buddhahood（藏文 sang gyas）。圓滿且完全的證悟，既不住輪迴亦不住涅槃。圓滿的證悟即爲成佛。證悟佛果是每個人天生的潛能；依據佛陀的教授，每個人都已具備佛性。因此，佛果無法「尋求而得」，而是體驗到本初的圓滿，在日常生活中了證自身的佛性。

有所緣的寂止禪修 Shamatha with support（藏文 shinay ten cas）。藉由特定對境，使心平靜下來，安住於不散亂之中。這種修持是大手印禪修的前奏，但並不是最終的結果。

有情眾生 Sentient beings。意指具有意識的、具有生命的眾生，相對於無生命的眾生。一切具有意識或具有心，但尚未達到解脫佛果的的眾生。包括在輪迴中受苦的人，以及證得菩薩諸地的人。

耳語傳承 Whispered lineage。包括關於空性和來自智慧瑜伽空行母的指示。

色界 Form realm。比較細微的天界層次。

【七劃】

串習，習性 Habitual patterns（梵文 vasana，藏文 bakchak）。一種制約的反應，存在於阿賴耶識之中，以印記或傾向的方式而呈現。阿賴耶識是第八識，有時稱爲基識或一切種識。其名稱乃源於阿賴耶識貯藏了所有業力的制約模式。所有二元分別或自我中心的經歷，都會留下痕跡，貯藏在阿賴耶識之中。之後，意識之流啟動了串習，串習以感知或行爲的方式產生反應，該反應也會留下業力的痕跡，再度貯藏於無意識的儲藏庫之中。如此循環往復。關於串習與業力的系統性解釋，是大乘佛教唯識論派的中心教授。

佛 Buddha（藏文 sang gye）完全達到證悟的人，如歷史上的釋迦牟尼佛。

佛性 Buddha nature／Sugatagarbha（藏文 de shegs nying po）。一切有情眾生的本質。證悟的潛藏力。

佛國，淨土 Buddha field（藏文 sang gye kyi zhing）。有兩個意涵：⑴五方佛部其一的淨刹，可能是報身或化身；⑵清淨的個人覺受。

見、修、行 View, meditation and action（藏文 ta ba gom pa yodpa）。從哲理的角度來看，是一種逐漸讓自己嫻熟入道的方法：通常是禪坐修持，以及在日常生活中應用洞見（勝觀）。三乘中的每一乘都有其對見地、修持和行爲的定義。

赤松德贊王 King Trisong Deutsen。是西藏的護法王（西元七九〇至八五八年），他邀請蓮花生大士進入西藏，建立佛法。

那洛六法 Six yogas of Naropa（藏文 naro chödruk）。六種特定的瑜伽修持，從那洛巴傳給馬爾巴，包括了拙火、幻身、睡夢、淨光、遷識、中陰這六種瑜伽。

那洛巴 Naropa（西元九五六至一〇四〇年）。印度大成就者，以傳授許多教法給馬爾巴而聞名。馬爾巴在伊斯蘭教徒入侵印度前，將教法帶回西藏。

那爛陀大學 Nalanda。西元五至十世紀間最偉大的佛教大學，位於王舍城附近，該城為大乘教法的法座所在地。許多偉大的佛教學者均曾於那爛陀大學研修。

【八劃】

咒語，眞言 Mantra（藏文 ngags）。⑴金剛乘的同義詞。⑵象徵著本尊自性的特定聲音，比如「嗡嘛呢唄咪吽」。用梵文念誦，以迎請各種不同的禪修本尊。這些梵文字母代表著不同的能量，會在不同的金剛乘修持中一再反覆使用。

拙火 Tummo／Subtle heat（藏文 tummo）。金剛乘的特有修持，指的是一種超自然的熱（psychic heat），經由特定的禪修修持來覺受。這個熱可以燒毀各種障礙和迷惑，是那洛六法之一。若沒有已成功修持此法的具格指導者的指導，一般人不宜自行修持拙火。

明，明性 Clarity（藏文 selwa）。英文也翻譯爲 luminosity。心的本性是無本質存在的空，但是心並不是一片空無或全然空白，因爲心有其明性：於心可以有所覺知或了知。因此，明性也屬於心的空性的特性之一。

明點 Bindu／Subtle drop（藏文 tigle）。生命力本質的精華，或者物理能量的領域。在金剛乘之中，明點觀想是常見的修持。

東碧赫魯加 Dombi Heruka。印度的大成就者，泰錫度仁波切的早期轉世。

法 Dharma（藏文 chö）。有兩個意義：首先是指任何的眞理，比如天是藍的。其次是指佛的教授（也稱爲「佛法」）。

法身 Dharmakaya（藏文 chö ku）。佛陀的三身之一。法身本身就是證悟：超越任何參考點的智慧。（可參閱「三身」）。

法性 Dharmata（藏文 chö nyi）。Dharmata 通常翻譯爲「如是」（眞如）或「事物的眞實自性」或「事物的如是本性」。這是事物的眞正本性，或完全證悟者不帶任何扭曲或障礙的看待方式，所以可說是「實相」。是現象和心的本性。

法界 Dharmadhatu（藏文 chö ying）。法指的是「眞理」，dhatu 指的是「無中心的空間」。一個包含所有的空間，無生，也沒有起源，而萬法在其中生起。梵文 dharmadhatu 的意思是「現象的本質」，藏文指的是「現象的界域」，但通常法界這個字指的是現象的空性本質。

法輪 Dharmachakra 梵文的「法輪」（wheel of Dharma）。佛教修持的三乘：基乘、大乘、金剛乘。指稱佛的三十二相時，指的是八輻輪。

直指心性口訣 Pointing-out instructions（藏文 ngo sprod kyi gdampa）。是直接引介內心自性的指示。

空行母 Dakini（藏文 khandroma）。已經達到心之完全證悟此甚深了悟的瑜伽女。可能是達到此種成就的人類，或者是禪修本尊證悟之心的非人身化現。是女性的護法（護法的女性面向）。是女性的力量，具有外、內、密之意。

空性 emptiness（梵文 shunyata，藏文 tong pa nyi）。英文也翻譯作空無

（voidness）。佛陀二轉法輪時的教授。空性的意涵是：外在與內在的現象，或者自我或「我」的概念都沒有眞實的本質，因此是空的。

金剛亥母，多傑帕莫 Vajravarahi（藏文 Dorje Phagmo）。空行母之一，勝樂金剛的明妃。是噶舉傳承的主要本尊，是智慧的化現體。

金剛杵 Dorje（梵文 vajra）。通常被譯爲「如石中之王：鑽石一般」。有許多不同層次的意義。也是某些修持中需要持有的法器，或是如同鑽石一般純淨和持久的功德。

金剛持，金剛持明 Vajradhara（藏文 Dorje Chang）。「持有金剛者」。金剛意味著不可摧破，持（dhara）意味著持守、抱持，或者不可分開。在噶舉派皈依境的中央佛像，也表示上溯至帝洛巴的大手印近傳承。金剛持象徵著法身的本初智慧，穿戴著報身佛的纓絡莊嚴，象徵其豐足。

金剛乘 Vajrayana（藏文 dorje tek pa）。文義是「類似鑽石」或「無法摧破的能力」。「金剛」在這裡指的是方法，所以可說是方便乘。佛教當中有三個主要傳統（基乘、大乘、金剛乘）。金剛乘基於續部而強調現象的明性層面。方便乘的行者會以果爲道用。

金剛瑜伽母 Vajrayogini（藏文 Dorje Palmo）。女性半忿怒的本尊。

阿底峽尊者 Atisha（西元九八二至一〇五五年）印度那爛陀大學的佛教學者，受西藏國王之邀前往西藏，以復興朗達瑪所造成的毀壞。他協助成立了噶當巴傳承。

阿羅漢，殺賊 Arhat 。「遠離四魔」。是基乘修道的最高果位。四魔指的是：煩惱魔、天魔、蘊魔、死魔。男性稱爲阿羅漢，女性稱爲女阿羅漢。

前行，加行 Preliminaries（藏文 Ngöndro）。包括四共前行（轉心四思量），以及四不共前行（大禮拜、金剛薩埵咒、獻曼達、上師瑜伽）。四不共前行說明：在金剛乘道上的行者，通常會進行四種基本修持，包括十一萬又一千遍的皈依文念誦和大禮拜、十一萬又一千遍的金剛薩埵咒念誦、十一萬又一千遍的曼達供養、十一萬一千遍的上師瑜伽修持。〔中譯註：更精準的數字爲十一萬一千一百一十一次。〕

【九劃】

勇父 Daka（藏文 khandro）。相對於空行母。

帝洛巴 Tilopa（西元九二八至一〇〇九年）。八十四大成就者之一。為那洛巴的上師，而那洛巴將其教法傳給西藏的噶舉傳承。

帝釋天 Indra（藏文 brgua bying）。欲界的主要神祇。據說居住在須彌山頂。

律藏 Vinaya。佛陀教法的三大部分之一，關於倫理——應該要避免什麼、採納什麼。另外的兩大部分是經藏與論藏（abhidharma，阿毘達磨）。

持明 Vidyadhara。在揭示與傳遞方面持有知識或勝觀（洞見）的人。意指金剛乘教授的成就上師。

施受法，自他交換法 Sending and taking practice（藏文 tong len）。一種禪修練習，由阿底峽尊者所開創。行者觀想吸入並承擔他人的負面處境，之後再觀想呼氣給予對方正面的處境。

毘婆舍那禪修 Vipashyana meditation（藏文 lha tong）。梵文的意思是「勝觀禪修」（insight meditation）。這種禪修能生起對實相自性（梵文

dharmata，法性）的洞見（勝觀）。屬於禪修的兩個主要面向之一，另一者爲寂止禪修（Shamatha）。

相對層次 Relative level。見世俗諦。

風息，氣 Prana。支持生命的能量。意指「風」或是金剛身的能量之流。

【十劃】

乘 Yana。意思是理解能力〔中譯註：大多說是「車乘」之意，此處所指可能爲「根器」或「心量」〕。共有三乘：狹隘的（小乘）、偉大的（大乘）、不可摧破的（金剛乘）。

修心 Lojong。早期噶當巴學派的大乘修持體系，由阿底峽尊者帶入西藏。

唐卡 Thangka。宗教式的捲軸布畫，描述證悟者的各種層面。

根本上師 Root lama（藏文 tsa way lama）。一位金剛乘的行者可以有好幾種的根本上師：給予灌頂、給予口傳、或者解釋續典意義的金剛上師。而究竟的根本上師，則是給予「直指口訣」者，因爲弟子由此而認識到內心自性。

涅槃 Nirvana（藏文 nyangde）。字義是「止滅」。生於輪迴中的人，進行修持，可以得到證悟，所有的錯誤概念和干擾情緒都將止息。稱爲涅槃。基乘行者的涅槃是從輪迴中解脫，證得阿羅漢果位。大乘行者的涅槃是成佛，不落於輪迴，也不落於阿羅漢的純粹寂靜這兩個極端。

班智達 Pandita。大學者。

脈 Sutble channels（梵文 nadi，藏文 tsa）。並非解剖學上的脈，而是指細微的管徑，是生理能量或「風」（梵文 prana，藏文 lung，氣）通過的地方。金剛身中的脈，風息於其中流動。

脈、風息（氣）**與明點**（bindu）Channels, winds and essences：金剛身的構造。這些脈並不是解剖上的結構，比較像是針灸上的經絡。脈有數千，但有三條主要攜帶細微能量的脈：右、左與中脈。中脈大致上沿著脊柱，右脈及左脈則位於中脈的兩邊。

依據方便道的瑜伽教授，行者能經由身與心的同步合一而獲致了證。這可以藉由禪修脈、氣、明點的幻身生理成份來達到。風息是能量，或者

「氣」，沿著脈而移動。有謂：「心識騎乘在風息之馬上，奔跑在脈之道上。明點則是心的養分。」

由於分別念的關係，風息進入了左脈與右脈。由於意念活動錯將現象分別為主體與客體，導致幻身裡的能量分散而進入左脈與右脈，也導致造業的行為。經由瑜伽修持，風息可以進入中脈，轉化為智慧風息。心則能識得自己的基本自性，了悟到所有的現象均為無生。

以上屬於高階的修持，只能從已然成就的上師領受直接口傳教授之後，方能學習。當禪修者穩穩安住於自心本性的覺受時，就能直接修持，融入脈、氣、明點的觀想。若在禪修中運用生理學上的脈的概念，便屬於有相圓滿次第。無色相的修持，直接思惟心的自性，則是無相圓滿次第。

脈輪 Chakra。一種關於生理和心理能量通道的系統性描述。

般涅槃，圓寂 Paranirvana。釋迦牟尼佛於人間入滅之後的狀態；因為諸佛皆已證得無死的果位或無死的覺性，人們認為佛陀並非死亡。

馬爾巴 Marpa（西元一〇一二至一〇九七年）馬爾巴是西藏人，前往印度三次，帶回許多密乘法本，包括那洛六法、密集金剛、勝樂金剛等修持。他的根本上師是帝洛巴，噶舉傳承的創教祖師，也是那洛巴的上師。馬爾巴開啓並成立了西藏的噶舉傳承。

【十一劃】

兜率天 Tushita paradise（藏文 gan dan）。佛陀的淨刹之一。兜率天屬於報身的境界，超越了任何地點或時間。

唯識學派 Cittamatra school（藏文 sem tsampa）。由無著菩薩在西元四世紀所建立的學派，通常被翻譯爲唯識學派。是大乘四大主要學派之一，主要概念（最簡化地來說）是一切現象唯心所造。

基乘 Hinayana（藏文 tek pa chung wa）。字義是「小乘」（中譯註：因有貶抑之義，故經達賴喇嘛指示後不再使用，而以上座部、聲聞乘或南傳佛教來代替），三乘的第一乘。這個詞可以指稱佛陀的首次教授，強調要仔細檢視心與心的困惑。是佛陀教法的基礎，重點在四聖諦與十二因緣法。其果位為個人的解脫。

奢摩他 Shamatha（梵文）。見「寂止禪修」。

寂天菩薩 Shantideva。古印度的偉大菩薩，《入菩薩行論》的作者。約為西元七世紀晚期至八世紀中期的人。

寂止禪修 Tranquility meditation（藏文 Shinay，梵文 Shamatha，奢摩他）。兩種主要禪修的型態之一，讓心安止，是一種令心平靜的禪修，使得心可以安住，遠離思維活動的干擾；另一種禪修的方法是勝觀禪修（毘婆奢那）。

寂護 Santarakshita。印度的大師，那爛陀大學的住持。西元八世紀時，赤松德贊王邀請他前往西藏，協助在藏地建立佛法。

密勒日巴 Milarepa（西元一〇四〇至一一二三年）。馬爾巴的學生，即生證悟。「密勒」是依本尊稱號所命名，「日巴」指的是白棉。他的弟子岡波巴建立了西藏的（達波）噶舉傳承。

密集金剛續 Guhyasamaja tantra（藏文 sang pa dus pa）。字義上是「秘密之總集」。是新譯派的主要續法與本尊之一。屬於無上瑜伽續，也就是四續的最高階者。父續之一。密集金剛是金剛部的中央本尊。

常見 Eternalism（藏文 rtag lta）。相信有個永恆的或無因的造物主。「常見」特別用來指下列觀念：認爲人的身分或意識有一具體、獨立、恆在、單一的本質。

悉地，「成就」 Siddhi（藏文 ngodrup）。行者在修道上的成就。通常指的是圓滿證悟的「無上成就」，但也可以指一般成就，亦即八種世俗的成就。

欲界 Desire realm。由六道（天、阿修羅、人、畜生、餓鬼、地獄）構成。

淨觀 Sacred outlook（藏文 dag snang）。覺性和悲心可讓行者得以體驗空性，由此而出現明性，其顯現爲現象世界的清淨性與神聖性。既然此神聖性是來自對於空性的覺受，不因世間成見所束縛，因此它既非宗教性的觀點，亦非世俗性的觀點，而是讓修道和世俗的觀點相遇相合。進一步來說，淨觀並非由任何神祇所賜予。若能以淨觀的角度來看，這個世界本來就是神聖的。

【十二劃】

勝義諦，究竟眞理 Ultimate level／truth（藏文 dondam）。對於實相，有兩種眞理或見地：世俗諦（相對眞理），如一般眾生那般地看待事物，有著「我」與「他」的二元分別。勝義諦（究竟眞理）則超越了二元分別，如實地看待事物。

勝樂金剛 Chakrasamvara（藏文 korlo dompa）。禪修本尊之一，屬於無上瑜伽續教授。是新譯派的主要本尊或主要密續。

勝觀禪修 Insight meditation。見毘婆奢那禪修。

善巧方便 Skilful means／Upaya（藏文 thabs）。一般而言，證悟者會考量弟子們的各種需求、根器與過失而善巧地教授佛法。善巧方便爲悲心的表現。在菩薩的戒律中，對應般若中的前五度和相對菩提心。如果只有智慧而無方便，菩薩將陷於寂靜涅槃之中。如果只有方便而無智慧，則行者將陷於輪迴之中。因此，必須要結合兩者。在金剛乘中，方便是由空性而生，且要和般若結合。在色空雙運之中，方便代表著男性、色相的層面。

善逝 Sugata。佛的名號。

喇嘛 Lama（梵文 guru）。「喇」（La）表示其所擁有的修道覺受無人能比，「嘛」（ma）表示如母親一般地示現悲心。因此，「喇嘛」表示悲智不二，陰柔和陽剛的特質合一。喇嘛也是一種頭銜，頒授給完成某些長期訓練的行者。

喜金剛 Hevajra（藏文 kye dorje）。無上瑜伽部的母續，是四瑜伽中最高者。「He」據稱爲喜悅之感嘆。喜金剛將感官欲樂經由了悟色空不二而轉化爲喜。喜金剛被描繪爲二臂、四臂、六臂、十二臂、十六臂的形式，和其明妃（通常是無我母）共舞。

報身，樂受身 Sambhogakaya（藏文 long chö dzok ku）。佛有三身。報身，也被稱爲「受用身」（enjoyment body），爲在法身界中只對菩薩示現的一種身相。（見「三身」。）

智 Jnana（藏文 yeshe）。證悟之智，超越二元分別。

無上成就 Supreme siddhi，證悟的另一種表示。

無色界 Formless realm（藏文 zug med kyi kham）。尚未證悟而修習四無色定的眾生居所。包括：空無邊處定、識無邊處定、無所有處定、非想非非想處定。

無我 Non-self／Selflessness（藏文 dag me）。在基乘的兩個主要學派（說一切有部與經量部）之中，指的是「個人」並非眞實永恆的自我，而是念頭和感覺的集合。在大乘的兩個主要學派（唯識學派與中觀學派）之中，則延伸爲外在現象並非本自存在。

無著菩薩 Asanga（藏文 thok may）。西元四世紀的印度哲學家，成立了唯識論派，著有重要的大乘經典《彌勒五論》。是世親菩薩的兄弟。

菩提心 Bodhichitta（藏文 chang chup chi sem）。字面意義爲「證悟之心」。菩提心可分爲兩種：究竟（勝義）菩提心以及相對（世俗）菩提心。前者指完全證悟的心，親見現象空性；後者指的是發願修持六度，以及將所有眾生從輪迴的痛苦中解救出來。相對菩提心也有兩種：願菩提心與行菩提心。

菩提薩埵，菩薩。Bodhisattva（藏文 chang chup sem pa）「勇敢的心」或稱

「勇識」。「菩提」指的是綻放或證悟，「薩埵」指的是英勇的心。字面上，「菩薩」是指展現了證悟之心的人。或指行者決心步上懷有悲心與行持六波羅蜜的大乘之道，以證悟佛果，將所有眾生從輪迴中解救出來。菩薩是佛陀的心子。

菩薩十地 Bhumi。見菩薩果位 bodhisattva levels。

菩薩戒 Bodhisattva vow。誓言爲了所有眾生而證悟佛果。

菩薩果位，地 Bodhisattva levels（梵文 bhumi，藏文 sa）。菩薩爲了達到證悟所經歷的不同果位或階段。在經乘的傳統中有十地，在密乘的傳統中有十三地。

【十三劃】

圓滿次第 Completion stage（藏文 dzo rim）。在金剛乘之中，禪修有兩個階段：生起次第與圓滿次第。有相圓滿次第指的是六法。無相圓滿次第指的是修持精要大手印，安住於心的無造作自性之中。

意識，第六種心識 Mental consciousness（藏文 yid kyi namshe）。意識是一種思維的能力，依據五根識的經驗或先前的意識內容而產生思維。

業 Karma（藏文 lay）。字義爲「行爲」。因與果的無誤法則。比如：善行帶來快樂，惡行帶來痛苦。每個有情眾生的行爲都是原因，創造了轉世以及來世的條件。

煩惱 Disturbing emotions（梵文 klesha，藏文 nyön mong）。也稱爲「惱人的情緒」，乃是（相對所知障的）煩惱障，會阻撓知覺的清明。又翻譯爲「毒」。包括任何會干擾或扭曲心識的情緒。主要的染污情緒是：貪欲、瞋恨、無明。若談的是五種煩惱障，則再加上驕慢與嫉妒。

瑜伽 Yoga。「自然狀態」。修持瑜伽的人稱爲瑜伽士，其特質爲萬法如是且任運自然，比如不洗髮也不剪髮和指甲等等。女性的瑜伽行者則稱爲瑜伽女。

瑜伽士 Yogi（藏文 nal yor pa）。密乘行者。

瑜伽女 Yogini（藏文 nal yor ma）。女性的密乘行者。

經 Sutra（藏文 do）。字義是「連接」的意思。是基乘與大乘的總稱，結合了智慧與悲心。於大藏經中屬於佛所宣說的教導。雖被認爲是佛所說的話語，不過其實是在佛陀入滅多年之後，才由弟子們抄錄下來。通常，經文的形式是佛與弟子間的對話。「經」一般是相對於「續」以及「論」。「續」是佛陀的金剛乘教法，而「論」則是對於佛經的註解或釋論。

經乘 Sutrayana。經部的法門，以達到證悟，包括大乘以及基乘。

經部大手印 Sutra Mahamudra（藏文 mdo'i phyag chen）。一種基於《般若波羅蜜多經》的大手印體系，著重止、觀的禪修，以及漸次行旅於修持五道和菩薩十地。

解脫 Liberation。參考「證悟」。

解脫道 Path of Liberation（藏文 drol lam）。大手印修持之道。

道次第 Graded path。指的是在證悟道上所應依循的三主要道：⑴出離心；⑵菩提心；⑶空性正見，對於空性的正確見解（慧）。

道歌 Spiritual song（梵文 doha，藏文 gur）。由金剛乘修行人自然譜出的修道之歌。通常每行有九個音節。

【十四劃】

僧伽 Sangha（藏文 gen dun）。意思是「具有善德之人」。「僧」（Sang）指的是發心或動機，「伽」（gha）指的是善。一個有著良善動機的人。三寶之一。通常指的是追尋佛法的人，特指僧、尼等出家人的團體。備受讚揚的僧伽，是那些對佛陀法教已達到某程度了證的人。

嘎巴拉，顱器 Kapala。金剛乘修持所使用的顱杯。

瑪哈嘎拉，大黑天 Mahakala。一位護法。是佛法和修持佛法之行者的保護者。

睡夢瑜伽 Dream practice（藏文 mi lam）。是金剛乘的一種高階修習。那洛六法之一（參考「那洛六法」）。

【十五劃】

儀軌，法本 Sadhana（藏文 drup tap）。續部的儀式法本以及修持流程，通常強調生起次第。

赫魯加 Heruka（藏文 trak thung）〔中譯註：有多種音譯，例如嘿嚕嘎；字意爲「飲血尊」〕。忿怒的男性本尊。

慧，般若 Prajna（藏文 she rab）。在梵文中，指的是「完美的智識」，可以指智慧、了解或辨別。通常指的是從較高層次（比如無二元分別）觀點來看待事物的智慧。

緣起 Interdependent origination。十二個互相關聯的因果連結，使得眾生受縛於輪迴之中，延續痛苦：無明、行、識、名色、六入、觸、受、愛、取、有、生、老死。這十二個連結就像是不間斷的惡性循環，乃是令一切有情眾生流轉於六道輪迴之輪。

蓮師，蓮花生大士 Padmasambhava（藏文 Guru Rinpoche）。西元八世紀的印度大成就者，前往西藏而降伏了所有的違緣障礙，並且傳布佛法。他特別教授了許多續部和金剛乘的修持，還封印了許多文本，以便後世能由弟子發掘。

論典 Shastra（藏文 tan chö）。佛教的教授分爲佛陀之語（經）以及他人對佛陀之語所作的釋論。

輪迴 Samsara / Conditional（cyclic）existence（藏文 kor wa）。「循環地存在」、凡俗生命的制約性存在。痛苦之所以會生起，是因爲有所執念、瞋恨與無知。輪迴乃相對於解脫或涅槃。經由貪、瞋、癡所驅動的業力，人受到驅使而擔負不清淨的蘊，繼續循環著存在之輪，直至解脫。

遮蔽，蓋障 Obscurations。有兩類的遮障或染污，覆蓋著眾生的佛性：干擾情緒的染污（煩惱障），以及潛在習性的染污（串習障），或者有時被稱爲二元感知的遮障，也就是「所知障」。煩惱障使有情眾生無法從輪迴中解脫，所知障使眾生無法獲得正確的知識，無法了悟實相。

噶當巴 Kadampa（藏文）。藏傳佛教主要學派之一，由阿底峽尊者（西元九九三至一〇五四年）建立。

【十六劃】

噶瑪巴 Karmapa。這個名號意指佛的事業。噶瑪巴是藏傳佛教中噶舉傳承的領袖，也是第一個建立轉世喇嘛傳統的人。噶瑪巴被認爲是觀世音菩薩的化身。

噶瑪噶舉 Karma Kagyu（藏文）。藏傳佛教中噶舉的八個學派之一，由大寶法王噶瑪巴所領導。

噶舉 Kagyu（藏文）。「噶」（Ka）意即「口語的」，「舉」（gyu）意即「傳承」。「噶舉」就是口耳相傳之傳承的意思。藏傳佛教四大教派之一。由馬爾巴在西藏成立。藏傳佛教另外三大教派爲寧瑪、薩迦、格魯。

壇城 Mandala（藏文 chil kor）。字面意義是「中心和周圍」，但會依情況而有不同。各類金剛乘修持所用的圖樣，通常都有一位中央主尊和四個方向。

龍 Naga（藏文 lu）。蛇形的生靈，可能具善意或惡意，通常守護著大地的寶藏。龍一般被認爲屬於畜生道。

龍樹菩薩 Nagajuna（藏文 ludrup）。印度的哲學大師。中觀學派的成立者，著有《根本慧論》（*Mula-prajna*）與其他重要的著作。生活在西元二至三世紀。

【十八劃】

斷見，虛無主義 Nihilism（藏文 chad lta）。字面意義是「不連續的見地」（the view of discontinuance）。落入虛無的極端，認爲：沒有轉世或業果以及死後之心。

竅訣，口訣教言，口訣指示 Oral instructions（藏文 man ngag, dams ngag）。相較於學院傳承，修持傳承的口頭指引既明確又精闢，利於銘記於心。竅訣都非常實用，是直接與修持相關的有效方法。

轉心四思量 Four foundations of meditation / Four thoughts（藏文 tun mong gi ngon dro shi）。是使心轉向佛法的四種思索，包括思惟：珍貴人身、死亡無常、業報因果、輪迴過患。

【十九劃】

證悟 Enlightenment（梵文 bodhi，藏文 jang chub）。依據佛法，一切有神論或神秘的經驗，只要對經驗者的存在加以確認或對所經驗的內涵加以實質化，就仍落於輪迴法的範疇之內——不管其確認或實質化的層次有多麼細微。佛法對於經驗的基準看法是：諸行無常、有漏皆苦、諸法無我、涅槃寂靜（毋須費力達到或維持任何事物的一種狀態）。

在基乘傳統中所定義的證悟，是對於無明和煩惱的止息，並從被迫一再投生的輪迴中解脫。其證悟的階段有四種：入流果／預流果、一還果、不還果、阿羅漢。

大乘傳統認爲基乘的涅槃是一個中繼站，就像是佛陀在沙漠中爲鼓舞旅人所化出的幻城。證悟所需的不只是無明的止息，還要有能對治一切有情眾生之苦的悲心和方便。阿羅漢由於尙未生起悲心，因此還沒有達到完全的證悟。

依據金剛乘傳統，基乘和大乘的了證都屬必要，但其各自也含有教條。

瑜伽行者必須與現象世界開展全然的夥伴關係，並且對於「我」的根能有更無矯飾的穿透性體驗。

至於如何達成最後的證果，金剛乘則教導了四乘或六乘。

涅槃這個詞，在指證悟的時候，可以有最究竟的正面意義。在指煩惱止息的有限目的時，則具有狹隘的或貶抑的意義。

【二十劃】

覺受與了悟 Experience and realization（藏文 nyam togs）。表示洞見與道上的進展。「覺受」指的是暫時性的禪修體驗，「了悟」指的是針對事物本質的了解，這種了解不會改變。

譯者 Lotsawa 梵文的「譯者」。

釋迦牟尼佛 Buddha Shakyamuni（藏文 shakya tubpa）。通常稱爲喬達摩佛陀，指的是這一劫（賢劫）的第四佛，約生活在西元前五六三年到四八三年。

灌頂 Empowerment（藏文 wang，梵文 abhiseka）。將力量或修持金剛乘教授的許可轉移給接受者，是密乘修持不可或缺的入門。要修持金剛乘，必須要從具格喇嘛領受灌頂，也應該要領受修持的講解（藏文 tri）以及文本的讀誦口傳（藏文 lung）。

【二十一劃】

續 Tantra（藏文 gyu）。字面意義是「連續」，在佛教當中特定指稱兩者：法本（果乘的文本，或說以果爲道的法本），描述從無明直到證悟的修持內涵，其中也包括續部大師的註釋。其次是達至證悟的修道，包括了基、道、果。佛教可以分爲經乘與續乘，經乘基本上是大乘經典的學院研讀，續乘道則主要修持金剛乘。續典基本上是金剛乘修持的法本。

續部大手印 Tantra Mahamudra（藏文 sngags kyi phyag chen）。或稱爲咒乘大手印。一種和那洛六法有關的大手印修持。

護法 Dharma protector（梵文 dharmapala，藏文 cho kyong）。佛、菩薩或有

力的眾生，其任務是遣除所有的阻礙，以及帶來修持純淨佛法的順緣或必要條件。

【二十二劃】

觀世音菩薩 Avalokiteshvara（藏文 Chenrezig）。一切諸佛的悲心化現。通常被描繪為一面四臂，手持滿願三寶。為八大菩薩之一。觀世音菩薩的咒語被稱為咒中之王：嗡嘛呢唄咪吽。

橡樹林文化 ❖❖ 善知識系列 ❖❖ 書目

JB0001	狂喜之後	傑克・康菲爾德◎著	380 元
JB0002	抉擇未來	達賴喇嘛◎著	250 元
JB0003	佛性的遊戲	舒亞・達斯喇嘛◎著	300 元
JB0004	東方大日	邱陽・創巴仁波切◎著	300 元
JB0005	幸福的修煉	達賴喇嘛◎著	230 元
JB0006	與生命相約	一行禪師◎著	240 元
JB0007	森林中的法語	阿姜查◎著	320 元
JB0008	重讀釋迦牟尼	陳兵◎著	320 元
JB0009	你可以不生氣	一行禪師◎著	230 元
JB0010	禪修地圖	達賴喇嘛◎著	280 元
JB0011	你可以不怕死	一行禪師◎著	250 元
JB0012	平靜的第一堂課——觀呼吸	德寶法師 ◎著	260 元
JB0013X	正念的奇蹟	一行禪師◎著	220 元
JB0014X	觀照的奇蹟	一行禪師◎著	220 元
JB0015	阿姜查的禪修世界——戒	阿姜查◎著	220 元
JB0016	阿姜查的禪修世界——定	阿姜查◎著	250 元
JB0017	阿姜查的禪修世界——慧	阿姜查◎著	230 元
JB0018X	遠離四種執著	究給・企千仁波切◎著	280 元
JB0019X	禪者的初心	鈴木俊隆◎著	220 元
JB0020X	心的導引	薩姜・米龐仁波切◎著	240 元
JB0021X	佛陀的聖弟子傳 1	向智長老◎著	240 元
JB0022	佛陀的聖弟子傳 2	向智長老◎著	200 元
JB0023	佛陀的聖弟子傳 3	向智長老◎著	200 元
JB0024	佛陀的聖弟子傳 4	向智長老◎著	260 元
JB0025	正念的四個練習	喜戒禪師◎著	260 元
JB0026	遇見藥師佛	堪千創古仁波切◎著	270 元
JB0027	見佛殺佛	一行禪師◎著	220 元
JB0028	無常	阿姜查◎著	220 元
JB0029	覺悟勇士	邱陽・創巴仁波切◎著	230 元
JB0030	正念之道	向智長老◎著	280 元

JB0031	師父——與阿姜查共處的歲月	保羅・布里特◎著	260元
JB0032	統御你的世界	薩姜・米龐仁波切◎著	240元
JB0033	親近釋迦牟尼佛	髻智比丘◎著	430元
JB0034	藏傳佛教的第一堂課	卡盧仁波切◎著	300元
JB0035	拙火之樂	圖敦・耶喜喇嘛◎著	280元
JB0036	心與科學的交會	亞瑟・札炯克◎著	330元
JB0037	你可以，愛	一行禪師◎著	220元
JB0038	專注力	B・艾倫・華勒士◎著	250元
JB0039X	輪迴的故事	堪欽慈誠羅珠◎著	270元
JB0040	成佛的藍圖	堪千創古仁波切◎著	270元
JB0041	事情並非總是如此	鈴木俊隆禪師◎著	240元
JB0042	祈禱的力量	一行禪師◎著	250元
JB0043	培養慈悲心	圖丹・卻准◎著	320元
JB0044	當光亮照破黑暗	達賴喇嘛◎著	300元
JB0045	覺照在當下	優婆夷　紀・那那蓉◎著	300元
JB0046	大手印暨觀音儀軌修法	卡盧仁波切◎著	340元
JB0047X	蔣貢康楚閉關手冊	蔣貢康楚羅卓泰耶◎著	260元
JB0048	開始學習禪修	凱薩琳・麥唐諾◎著	300元
JB0049	我可以這樣改變人生	堪布慈囊仁波切◎著	250元
JB0050	不生氣的生活	W. 伐札梅諦◎著	250元
JB0051	智慧明光：《心經》	堪布慈囊仁波切◎著	250元
JB0052	一心走路	一行禪師◎著	280元
JB0054	觀世音菩薩妙明教示	堪布慈囊仁波切◎著	350元
JB0055	世界心精華寶	貝瑪仁增仁波切◎著	280元
JB0056	到達心靈的彼岸	堪千・阿貝仁波切◎著	220元
JB0057	慈心禪	慈濟瓦法師◎著	230元
JB0058	慈悲與智見	達賴喇嘛◎著	320元
JB0059	親愛的喇嘛梭巴	喇嘛梭巴仁波切◎著	320元
JB0060	轉心	蔣康祖古仁波切◎著	260元
JB0061	遇見上師之後	詹杜固仁波切◎著	320元
JB0062	白話《菩提道次第廣論》	宗喀巴大師◎著	500元
JB0063	離死之心	竹慶本樂仁波切◎著	400元
JB0064	生命真正的力量	一行禪師◎著	280元

JB0065	夢瑜伽與自然光的修習	南開諾布仁波切◎著	280 元
JB0066	實證佛教導論	呂真觀◎著	500 元
JB0067	最勇敢的女性菩薩——綠度母	堪布慈囊仁波切◎著	350 元
JB0068	建設淨土——《阿彌陀經》禪解	一行禪師◎著	240 元
JB0069	接觸大地—與佛陀的親密對話	一行禪師◎著	220 元
JB0070	安住於清淨自性中	達賴喇嘛◎著	480 元
JB0071/72	菩薩行的祕密【上下冊】	佛子希瓦拉◎著	799 元
JB0073	穿越六道輪迴之旅	德洛達娃多瑪◎著	280 元
JB0074	突破修道上的唯物	邱陽．創巴仁波切◎著	320 元
JB0075	生死的幻覺	白瑪格桑仁波切◎著	380 元
JB0076	如何修觀音	堪布慈囊仁波切◎著	260 元
JB0077	死亡的藝術	波卡仁波切◎著	250 元
JB0078	見之道	根松仁波切◎著	330 元
JB0079	彩虹丹青	祖古．烏金仁波切◎著	340 元
JB0080	我的極樂大願	卓千拉貢仁波切◎著	260 元
JB0081	再捻佛語妙花	祖古．烏金仁波切◎著	250 元
JB0082	進入禪定的第一堂課	德寶法師◎著	300 元
JB0083	藏傳密續的真相	圖敦．耶喜喇嘛◎著	300 元
JB0084	鮮活的覺性	堪千創古仁波切◎著	350 元
JB0085	本智光照	遍智　吉美林巴◎著	380 元
JB0086	普賢王如來祈願文	竹慶本樂仁波切◎著	320 元
JB0087	禪林風雨	果煜法師◎著	360 元
JB0088	不依執修之佛果	敦珠林巴◎著	320 元
JB0089	本智光照—功德寶藏論　密宗分講記	遍智　吉美林巴◎著	340 元
JB0090	三主要道論	堪布慈囊仁波切◎講解	280 元
JB0091	千手千眼觀音齋戒—紐涅的修持法	汪遷仁波切◎著	400 元
JB0092	回到家，我看見真心	一行禪師◎著	220 元
JB0093	愛對了	一行禪師◎著	260 元
JB0094	追求幸福的開始：薩迦法王教你如何修行	尊勝的薩迦法王◎著	300 元
JB0095	次第花開	希阿榮博堪布◎著	350 元
JB0096	楞嚴貫心	果煜法師◎著	380 元
JB0097	心安了，路就開了： 讓《佛說四十二章經》成為你人生的指引	釋悟因◎著	320 元

JB0098	修行不入迷宮	札丘傑仁波切◎著	320 元
JB0099	看自己的心，比看電影精彩	圖敦・耶喜喇嘛◎著	280 元
JB0100	自性光明——法界寶庫論	大遍智　龍欽巴尊者◎著	480 元
JB0101	穿透《心經》：原來，你以為的只是假象	柳道成法師◎著	380 元
JB0102	直顯心之奧秘：大圓滿無二性的殊勝口訣	祖古貝瑪・里沙仁波切◎著	500 元
JB0103	一行禪師講《金剛經》	一行禪師◎著	320 元
JB0104	金錢與權力能帶給你甚麼？ 一行禪師談生命真正的快樂	一行禪師◎著	300 元
JB0105	一行禪師談正念工作的奇蹟	一行禪師◎著	280 元
JB0106	大圓滿如幻休息論	大遍智　龍欽巴尊者◎著	320 元
JB0107	覺悟者的臨終贈言：《定日百法》	帕當巴桑傑大師◎著 堪布慈囊仁波切◎講述	300 元
JB0108	放過自己：揭開我執的騙局，找回心的自在	圖敦・耶喜喇嘛◎著	280 元
JB0109	快樂來自心	喇嘛梭巴仁波切◎著	280 元
JB0110	正覺之道・佛子行廣釋	根讓仁波切◎著	550 元

橡樹林文化 ❖❖ 成就者傳紀系列 ❖❖ 書目

JS0001	惹瓊巴傳	堪千創古仁波切◎著	260 元
JS0002	曼達拉娃佛母傳	喇嘛卻南、桑傑・康卓◎英譯	350 元
JS0003	伊喜・措嘉佛母傳	嘉華・蔣秋、南開・寧波◎伏藏書錄	400 元
JS0004	無畏金剛智光：怙主敦珠仁波切的生平與傳奇	堪布才旺・董嘉仁波切◎著	400 元
JS0005	珍稀寶庫——薩迦總巴創派宗師貢嘎南嘉傳	嘉敦・強秋旺嘉◎著	350 元
JS0006	帝洛巴傳	堪千創古仁波切◎著	260 元
JS0007	南懷瑾的最後 100 天	王國平◎著	380 元
JS0008	偉大的不丹傳奇・五大伏藏王之一 貝瑪林巴之生平與伏藏教法	貝瑪林巴◎取藏	450 元
JS0011	噶舉三祖師：岡波巴傳	堪千創古仁波切◎著	280 元

成就者傳記　JS0011

噶舉三祖師：岡波巴傳——修道成就故事與岡波巴四法

The Life & Teachings of Gampopa

作　　者／堪千創古仁波切
譯　　者／普賢法譯小組
責任編輯／劉昱伶
封面設計／兩棵酸梅
內文排版／歐陽碧智
業　　務／顏宏紋
印　　刷／中原造像股份有限公司

發行人／何飛鵬
事業群總經理／謝至平
總　編　輯／張嘉芳
出　　版／橡樹林文化
城邦文化事業股份有限公司
115 台北市南港區昆陽街 16 號 4 樓
電話：886-2-2500-0888　傳眞：886-2-2500-1951
協力出版／創古文化 Thrangu Dharmakara
發　　行／英屬蓋曼群島商家庭傳媒股份有限公司城邦分公司
115 台北市南港區昆陽街 16 號 8 樓
客服服務專線：(02)25007718；25007719
24 小時傳眞專線：(02)25001990；25001991
服務時間：週一至週五上午 09:30 ～ 12:00；下午 13:30 ～ 17:00
劃撥帳號：19863813　戶名：書虫股份有限公司
讀者服務信箱：service@readingclub.com.tw
香港發行所／城邦（香港）出版集團有限公司
香港九龍土瓜灣土瓜灣道 86 號順聯工業大廈 6 樓 A 室
電話：(852)25086231　傳眞：(852)25789337
Email：hkcite@biznetvigator.com
馬新發行所／城邦（馬新）出版集團【Cité (M) Sdn.Bhd. (458372 U)】
41, Jalan Radin Anum, Bandar Baru Seri Petaling,
57000 Kuala Lumpur, Malaysia.
電話：(603) 90563833　傳眞：(603) 90576622
Email：services@cite.my

初版一刷／ 2016 年 9 月
初版四刷／ 2024 年 6 月
ISBN ／ 978-986-5613-25-9
定價／ 280 元

城邦讀書花園
www.cite.com.tw

國家圖書館出版品預行編目（CIP）資料

噶舉三祖師：岡波巴傳：修道成就故事與岡波巴四法／堪千創古仁波切著；普賢法譯小組譯. -- 初版. -- 臺北市：橡樹林文化，城邦文化出版：家庭傳媒城邦分公司發行，2016.09
面；　公分. --（成就者傳記：JS0011）
譯自：The life & teachings of Gampopa
ISBN 978-986-5613-25-9（平裝）

1. 岡波巴　2. 佛教傳記　3. 藏傳佛教

226.96639　　105013960

廣　告　回　函
北區郵政管理局登記證
北台字第 10158 號
郵資已付　免貼郵票

115 台北市南港區昆陽街 16 號 4 樓
城邦文化事業股分有限公司
橡樹林出版事業部　收

請沿虛線剪下對折裝訂寄回，謝謝！

|橡|樹|林|

書名：噶舉三祖師：岡波巴傳　書號：JS0011

橡樹林文化

讀者回函卡

感謝您對橡樹林出版社之支持，請將您的建議提供給我們參考與改進；請別忘了給我們一些鼓勵，我們會更加努力，出版好書與您結緣。

姓名：＿＿＿＿＿＿＿＿＿＿　□女　□男　　生日：西元＿＿＿＿＿年

Email：＿＿＿＿＿＿＿＿＿＿＿＿＿＿＿＿＿＿＿＿

●您從何處知道此書？

□書店　□書訊　□書評　□報紙　□廣播　□網路　□廣告 DM　□親友介紹

□橡樹林電子報　□其他＿＿＿＿＿＿＿

●您以何種方式購買本書？

□誠品書店　□誠品網路書店　□金石堂書店　□金石堂網路書店

□博客來網路書店　□其他＿＿＿＿＿＿＿

●您希望我們未來出版哪一種主題的書？（可複選）

□佛法生活應用　□教理　□實修法門介紹　□大師開示　□大師傳紀

□佛教圖解百科　□其他＿＿＿＿＿＿＿

●您對本書的建議：

＿＿＿＿＿＿＿＿＿＿＿＿＿＿＿＿＿＿＿＿

＿＿＿＿＿＿＿＿＿＿＿＿＿＿＿＿＿＿＿＿

＿＿＿＿＿＿＿＿＿＿＿＿＿＿＿＿＿＿＿＿

＿＿＿＿＿＿＿＿＿＿＿＿＿＿＿＿＿＿＿＿

＿＿＿＿＿＿＿＿＿＿＿＿＿＿＿＿＿＿＿＿

非常感謝您提供基本資料，基於行銷及客戶管理或其他合於營業登記項目或章程所定業務需要之目的，家庭傳媒集團（即英屬蓋曼群商家庭傳媒股分有限公司城邦分公司、城邦文化事業股分有限公司、書虫股分有限公司、墨刻出版股分有限公司、城邦原創股分有限公司）於本集團之營運期間及地區內，將不定期以 MAIL 訊息發送方式，利用您的個人資料於提供讀者產品相關之消費與活動訊息，如您有依照個資法第三條或其他需服務之務，得致電本公司客服。

我已經完全瞭解左述內容，並同意本人資料依上述範圍內使用。

＿＿＿＿＿＿＿＿＿＿＿＿（簽名）

處理佛書的方式

佛書內含佛陀的法教，能令我們免於投生惡道，並且爲我們指出解脫之道。因此，我們應當對佛書恭敬，不將它放置於地上、座位或是走道上，也不應跨過。搬運佛書時，要妥善地包好、保護好。放置佛書時，應放在乾淨的高處，與其他一般的物品區分開來。

若是需要處理掉不用的佛書，就必須小心謹愼地將它們燒掉，而不是丟棄在垃圾堆當中。焚燒佛書前，最好先唸一段祈願文或是咒語，例如唵（OM）、啊（AH）、吽（HUNG），然後觀想被焚燒的佛書中的文字融入「啊」字，接著「啊」字融入你自身，之後才開始焚燒。

這些處理方式也同樣適用於佛教藝術品，以及其他宗教教法的文字記錄與藝術品。

ཡི་གེ་ཉི་ཤུ་རྩ་དྲུག་པ་འདི་དཔེ་ཆའི་ནང་དུ་བཞག་ན་དཔེ་ཆ་དེ་ཅི་འདྲར་
བགོམས་ཀྱང་ཉེས་པ་མི་འབྱུང་བར་འཇམ་དཔལ་རྩ་རྒྱུད་ལས་གསུངས་སོ། །

此咒置經書中　可滅誤跨之罪